国学管理日志系列②

《周易》

管理日志

邵 雨◎编著

谨以此书献给南怀瑾老师

目 录

三月　顺势而动

四月　待善以诚

七月　见善则迁，有过则改

八月　积小以高大

九月　鼎有实，慎处之

十月　慎言语，守机密

十一月　举而错之天下之民谓之事业

十二月　精义入神，以致用也

一月

元，亨，利，贞

第一周

元,亨,利,贞

《乾》:元,亨,利,贞。

《彖》曰:大哉乾元! 万物资始,乃统天。云行雨施,品物流形。大明终始,六位时成,时乘六龙以御天。乾道变化,各正性命,保合大和乃利贞。首出庶物,万国咸宁。

【译文】

《乾》卦:开创,通达,适宜,正固。

《彖传》说:伟大的乾的开创力啊! 万物依靠它有了开始,(它)统领着整个天下。云朵飘移、雨水降落,各类事物流布成形。光辉灿烂的太阳始终在运行,(《乾》卦)六爻按照相应的时位组合而成,仿佛乘着六条龙驾驭着整个天下。乾道的运行变化,(使得六爻)皆正,刚柔恰当,(使六爻)皆合,阴阳合德。乾道使一切开始产生,普天之下都得以和美昌顺。

笔 记

乾,卦名,象征天但又不同于天,乾体现的是天的"性"和"用"。清人李道平的说法是:圣人作《周易》,希望人类能够学习天的"性"和"用",所以将卦名定为"乾"。

天的"性"和"用"反映为四种:元,亨,利,贞。分别代表了四种状态:开创,通达,适宜,正固。它们决定着大自然的一切,使得全天下都能够和美昌顺。

那么,人类应该从何学习乾的"元"、"亨"、"利"、"贞"呢? 孔子在《文言》中给出了答案:"元者,善之长也;亨者,嘉之会也;利者,义之和也;贞者,事之干也。君子体仁足以长人,嘉会足以合礼,利物足以和义,贞固足以干事。君子行此四德者，故曰'乾：元，亨，利，贞'。"在《文言》里，"元"、"亨"、"利"、"贞"变成了君子的四德，分别代表着"仁"、"礼"、"义"、"信"（贞固即信），如果再加上一个"智"，就成了儒家的"仁义礼智信"了。可见孔子学习《易经》韦编三绝，是为了将《周易》与自身的学说结合起来。

由此，我们知道了乾卦的意义和价值：它要求我们成为君子，具备"仁"、"礼"、"义"、"信"四项品德。

行动指南

何谓"仁"？孟子说："仁者爱人。""爱"是指尊重和敬爱长辈、老人与兄长，友善真诚地对待平辈，疼爱和关心下辈，"仁"体现了君子的待人之道。

因此，我们应该"待人以仁"。

何谓"礼"？《论语》中时常出现"约之以礼"，"礼"是规则，是人们之间相处需要遵循的礼节。如果放在企业内，则分为两部分：一部分为人与人之间相处所必要的礼节，一部分则是企业的管理制度和规则。

作为一名员工，应该遵循"礼"。作为管理者，则既要遵循"礼"，还要依照"礼"来进行管理。

何谓"义"？孔子有一句名言："君子喻于义，小人喻于利。"很多人就此认为"君子重义不重利"，这一理解是错误的。孔子的意思是君子在"利"面前首先要考虑"义"，所谓"见利思义"，符合义的利就取，不义之财则却之不受。

"见利思义"是我们应该遵循的法则，可惜很多企业却为了利益而置道义于不顾。

何谓"信"？"信者不违"，讲求"信"的人，绝对不会违背自己所说过的话，自然更不会违背向别人许下的诺言。"贞固足以干事"，只有诚信之人才能够干事。事实确是如此，不诚信的人，谁也不敢轻易委托他干什么事，或者是委托了也办不成。

在企业中，一个人的诚信则更加重要，因为一件事不能顺利完成，往往会损害整个企业的利益，阻碍企业发展。员工缺乏诚信，将遭到管理者的摒弃；同样，管理者缺乏诚信，也将使员工产生失意感，从而导致管理失败。

星期二
自强不息

《象》曰：天行健，君子以自强不息。

【译文】
《象传》说：天体运行刚强劲健，君子应该自我奋发，永不停息。

笔 记

这句话大家都非常熟悉，是古代人文思想中不可或缺的一部分，"自强不息"已成为很多人对自身的要求。

《象传》是对经文的解说，作者据说也是孔子。这句话从另一个角度解释了"乾"，不再讲天的"性"和"用"，而是讲天的运行状况。天的运行自然是不息且刚强劲健的，而且不受任何其他事物的影响，可谓"自强不息"。圣人要我们学习天，所以紧跟着来了一句"君子以自强不息"。

从儿时开始，父母和老师就跟我们说"人一定要自强"。踏入社会之后，人往往会遭受到各种挫折和打击，少年之时"当自强"的念头会逐渐被销蚀，从而最终选择了"得过且过"的生活方式。

因此，时常思索"君子以自强不息"，对我们应对生活中的挫折和磨砺会有很大帮助。

行动指南

"自强不息"分为两层意思：首先是"自强"，然后是"不息"。

做到一时的"自强"不难，但要做到一世的"自强"却很难。很多人年少时，意气风发，为了远大志向奋发图强，但是受到挫败之后，往往会变得意志消沉，沦落为平庸之徒。这样的人随处可见。还有一些人在取得了一定的成就之后，开始沉湎于享乐，使得原本可以更加辉煌的人生就此完结。可见坚持不懈方是实现完美人生的真谛。

星期三
潜龙勿用

初九,潜龙勿用。

《象》曰:"潜龙勿用",阳在下也。

【译文】
　　初九,潜伏在水中的龙暂不施用。
　　《象传》说:"潜龙勿用",阳气初生居于下位。

笔 记

　　《周易》用"九"谓阳爻,"六"谓阴爻,乾卦的六爻全部为阳爻,第一爻便被称做为"初九",第二爻则称做"九五",以此类推。

　　"潜",潜伏之意。"龙"乃圣人对君子的称谓,龙具刚性,富有很强的主导意味,我认为它类似于君子中的主导者。"勿用"不是不用,而是暂时不宜施用。为什么?因为阳气初生,还不具备干事的能力。犹如一个人学业未成,时机也不成熟,不适宜施展才华,更不适宜委以重任。《文言》中反复强调了这一点:"'潜龙勿用',下也";"'潜龙勿用',阳气潜藏";"'潜'之为言也,隐而未见,行而未成,是以君子弗用也"。

　　"潜龙"还象征着另外一种人,他们有才华但不愿出仕,对于人间功名利禄看得很淡,更不会因为任何事情而改变自身。他们是"龙德而隐者","不易乎世,不成乎名,遁世无闷,不见是而无闷,乐则行之,忧则违之,确乎其不可拔"。这让我想起了鬼谷子,一个人躲在深山老林里研究纵横之术。但是,从"乐则行之,忧则违之"可以看出,这类"潜龙"也存在着出山纵横天下的可能性,主要看能不能够让他感觉"快乐和开心"。例如诸葛亮,最初被人称做"卧龙",被刘备三顾茅庐打动之后,一心辅主,甚至鞠躬尽瘁、死而后已。

行动指南

　　"潜龙"代表着三种人:第一种是能力还不足以委以重任之人,很多年轻人便是如此;第二种是富有才华而不愿出仕之人;第三种是等待时机之人。

对于能力不足者,管理者应该给予他更多的磨炼机会,促进他成长。因为既然可以称得上为"龙",必定具备出色的潜力,只是学识和经验方面还存在缺陷而已。

而"潜龙"也应该意识到自身的缺憾性,不断提升自我,以期达到"修身进业"的人生目标。

对于有才华而不愿出仕之人,只能承认"人各有志"了。

等待时机之人是聪明人,在环境不利于自身时选择韬光养晦,一旦发现机会便会大展拳脚。

星期四
见龙在田

九二,见龙在田,利见大人。

《象》曰:"见龙在田",德施普也。

【译文】

九二,龙出现在地上,利于有地位、有德行的人。

《象传》说:"见龙在田",品德逐渐被众人所接受。

笔 记

到了"九二"阶段,"潜龙"已浮出水面,出现在田间。到了这一步,意味着身边的人对他的品德和能力已有了一定的认识,但是要做成大事,还远远不够。因为没有机会。

机会在哪里?自然在"大人"那里。所谓"大人",就是指那些位居重要职位、掌握着各类资源的人物。他们的手中把握着各式各样的机会,但是由于接触面不够广泛的缘故,他们不一定知道天下所有的"龙"。因此,"潜龙"应该去拜访这些"大人"，使"大人"认识自己的品行和能力。一旦得到他们的认可，"潜龙"就有可能获得干大事的机会，而"大人"就变成了人们常说的"贵人"了。所以，《周易》说"利见大人"。

当然，处于"九二"阶段的君子还需要进一步提升自身的能力和品德，奉行"学以聚之，问以辨之，宽以居之，仁以行之"。唯有如此，才能够拥有更加宽广的人生境地。

行动指南

"见龙在田，利见大人"这一过程，很多人都曾经历过。每个人都是社会之中的一个个体，要成长并且施展才华，就必须找到机会。很多很有才华的年轻人往往无法施展才华，原因何在？没有机会？其实真正的原因则是不善于交流和沟通导致的人脉闭塞。

一些人认为自己有才华别人一定会看得见，也一定会有好机会，而不愿意找关系，拓展人脉，认为那是"自我推销"。《周易》却告诉我们古人绝不避讳"自我推销"，而且要获得施展才华的机会，适当的"自我推销"是必需的。

星期五
终日乾乾

九三，君子终日乾乾，夕惕若厉，无咎。
《象》曰："终日乾乾"，反复道也。

【译文】
九三，君子自强不息，夜间时刻保持谨慎，(这样)面临危险也没有伤害。
《象传》说："终日乾乾"，反复践行正道。

笔 记

"九三"比"九二"又进了一步，已经获得了发挥才能的机会。但是，"九三"处于"上不在天,下不在地"的中间位置,一不小心便会受到挫伤。或许是上司觉得你对他造成了威胁,也可能是同事忌妒你的才能,抑或是下属窥视你的职位以期取而代之,而对你采取了一些不正当手段。总之,在"九三"阶段,"厉"总是时刻存在着。

圣人知晓人生在"九三"阶段难以一帆风顺,所以进行了善意的提醒。"乾",在此处乃"刚健"之意。"乾乾"则是"健而又健",加上"终日"便成了"健而不息"。《周易》告诉我们,处于"九三"要反复践行正道,一刻也不能松懈。到了晚间也应该保持谨慎,从而不给他人留下任何攻击的把柄。这样就可以做到"厉无咎"。

《文言》中,孔子说得比较清晰:"君子进德修业。忠信,所以进德也;修辞立其诚,所以居业也。知至至之,可与言几也;知终终之,可与存义也。是故居上位而不骄,在下位而不忧。故乾乾因其时而惕,虽危无咎矣。""进德修业"正是君子的"正道",时刻牢记"正道",做到"知至至之"、"知终终之",则可以"虽危无咎"。

行动指南

位于"九三"阶段的人,即中层管理者,需要注意一个字:"惕"。"惕"是谨慎之意。谨慎包含两个层面:一,为人处世小心谨慎,这样可以不交恶于人,至少不引起他人的反感。但是,对于一位希望有大成就的人来说,这是远远不够的。二,恪守正道,唯有恪守正道,才称得上是谨慎。如果你不能够恪守正道,那就意味着给他人留下了话柄。

《周易》反复强调谨慎的重要性,因为谨慎不但可以避祸,还可以致福。

第二周

或跃在渊

九四,或跃在渊,无咎。

《象》曰:"或跃在渊",进无咎也。

> 【译文】
>
> 九四,尝试着腾跃上进,退则处于渊中,无所伤害。
>
> 《象传》说:"或跃在渊",(把握时机)前进则无所伤害。

笔 记

到了"九四"阶段,考虑的不再是"九二"、"九三"所关注的事了。因为"九四"仅次于"九五",而"九五"在古时象征君王之位,有"九五之尊"一说。到了"九四"阶段,应该考虑的重点是"乾道乃革",即天道转变的问题,也就是如何取当前的"九五"而代之。当然"乾道变革"并非易事,加上"九四"虽然已达到很高的位置,但仍然"上不在天,下不在田,中不在人",所以需要谨慎行事,因此这里用了一个"或"字。"或",代表尚有疑问,有了疑问就需要小心行事。

"九四"之"跃"并非志在必得,而是"自试也"。或许凌空一跃,登上"九五"之位,也或许没有达到目标,但是安然退居于渊,可谓进退自如,所以"无咎"。

当然,有一点必须记住,那就是"跃"要建立在正道的基础之上,如果是"为邪"、"离群"之举,则无法成功。

行动指南

人拥有一定的地位之后,必定希望站上更高的位置。这是人之常情,无可厚非。但是,并非每个人都能够如愿以偿。失败的原因有很多,最常见的莫过于

"不够谨慎"。

一些人以为自身已处"九四"之位,已经赢得了很多下属的赞誉和认可,一定能够"一跃而上",可惜结果与想象完全两样。

《周易》教导我们只有做到"进退自如",方可凌空一跃,而且要看准时机,时机不对则应退避一旁,静观其变。

星期二
飞龙在天

九五,飞龙在天,利见大人。

《象》曰:"飞龙在天",大人造也。

【译文】

九五,龙高飞在天空,利于去见有品行、有能力的人。

《象传》说:"飞龙在天",君子已登上高位。

笔 记

终于到达人生最完美的境地了,登上了高位,成就了"九五之尊"。很多人或许会感觉到理想实现的满足和惬意,但是,需要提醒的是位及"九五"并非人生的终点,如果你不能够慎重行事,你将从"九五"之位跌落。那么,应该做些什么?

《周易》说"利见大人",此处的大人并非指有地位的大人,而是指有品行、有能力的人。为什么?因为治理需要能人,作为领导者,必须懂得选拔人才,甚至不惜屈身邀才,正如刘备三顾茅庐。也就是墨子所谓的"尚贤"。

《文言》中"同声相应,同气相求"传达的也是这个意思,即找到与自身相似的人,让他们承担要职,发挥各自的才能。

有了有能力、品德出色的大臣,就可以治理好一切。

行动指南

管理就是一项关于人的事业,挖掘人才、任用人才是领导者最重要的工作。

当你位于"九五"之位时,困扰你的问题或许只有一个:为什么人才那么少?

只有意识到人才罕见,你才会真正尊重人才,才会努力去寻找人才。在任用员工时,才能够真正做到把适合的人放到适合的位置上,使每一个人发挥出自身的价值。

星期三
亢龙有悔

上九,亢龙有悔。

《象》曰:"亢龙有悔",盈不可久也。

【译文】

上九,飞得过高的龙,必定会有悔恨。

《象传》说:"亢龙有悔",过满必不可持久。

笔 记

成功者身上都有一个共同特征:永不满足,总是期望能够获得更大的成功。《文言》中所说的"知进而不知退,知存而不知亡,知得而不知失"正是三种典型。然而,一旦超出了能力的极限,问题就会接二连三地出现。这便是"亢龙有悔"的道理。

物极必反,盛极而衰,是事物发展的必然规律。圣人对此异常清楚,所以用"九五"之上的"上九"来提醒人们。但是,人类总是会陷入患得患失的境地,要真正做到"知进退存亡而不失其正",恐怕得先成为圣人才可以。既然做不了圣人,还不如做一个"自强不息"的君子,即便最终结局是"有悔",也要活得率性可爱。

行动指南

结合实际,我更习惯于将"亢龙有悔"的"亢"理解为骄傲自满。骄傲自满的人终将悔恨。但是,当一个人取得了一定的成功之后,要他不自得似乎很难。所以,我们看到一个个人从成功走向失败。

作为领导者,尤其不能自视甚高、骄傲自大。一旦如此,你将陷入"贵而无位,高而无民,贤人在下而无辅"的境地。这意味着你已经失去了人心,拥有的只是一个职位而已。

如果无法做到"知进退存亡而不失其正",却能够从"亢龙有悔"中体会到"戒骄戒得"也算是收获颇丰了。

星期四

群龙无首

用九,见群龙,无首,吉。

《象》曰:"用九",天德不可为首也。

【译文】

用九,出现一群龙,但没有首领,吉祥。

《象传》说:"用九",天德不自居为首。

笔 记

"用九"与"用六"在《周易》中比较特殊,只有"乾"、"坤"二卦有,"乾"因为全部是阳爻,所以有"用九","坤"因为全部是阴爻,因此有"用六"。或许因为"乾"、"坤"是入易之门,故作《易》者对此作了总结。

在通常的理解中,"群龙无首"必定会产生糟糕的后果,因为没有人统筹和领导,必定会出现混乱无序的状况。因此,在读到"群龙无首,吉"时,我沉思良久。在读到"天德不可为首"之后,才略有所悟。

"群龙无首"其实是一种高度和谐的状况,每个人都很有能力(都是龙嘛),又恪守各自的工作岗位,严格履行自身的工作职责。在这种情况下,管理者往往是多余的。因为渴望体现人生价值的人在工作时根本不需要别人的管理。

乾卦因为拥有"元"、"亨"、"利"、"贞"四德，所以可以使万物"各正性命"、自行生长，所以说"天德不可为首"。那么，对于一个组织来说，又该如何实现"群龙无首"且"吉"的理想运转状态呢？自然是让拥有"仁"、"义"、"礼"、"信"四德的君子做领导者。这样的领导对下属充满信任，实现充分授权，让每个人都各司其职、各尽其能，从而使企业组织出现"群龙无首"但不混乱的状况。

行动指南

如果说无为而治真的有效，那一定是"群龙无首"这样的无为而治。

而要做到"群龙无首"，就必须符合以下三个条件：一，每一位员工都拥有出色的工作能力，并具备自动自发的工作意识；二，人人都知道自身的工作职责和内容；三，管理者对下属高度信任，授予他们充分的工作自主权。这三个条件缺一不可。

星期五
先天而天弗违，后天而奉天时

与天地合其德，与日月合其明，与四时合其序，与鬼神合其吉凶。先天而天弗违，后天而奉天时。天且不违，况于人乎？况于鬼神乎？

【译文】

道德与天地之德相吻合，圣明与日月之光相应合，施政用民与四季之序相顺应，赏罚分明与鬼神之判断相一致。在天象之前行动，天不违背他，在天象之后处理事务，也能够遵循天的变化规律。天都不会违背（他），何况是人呢？何况是鬼神呢？

笔记

这段话是《文言》中对"九五"大人之解释。描述了"九五"大人的"君德"。话语中洋溢着一片赞颂之情,与天地合德,与日月同明,与四时共序,与鬼神合吉凶。很多人或许会怀疑:这是人类能够做到的吗?事实上,这有点类似于"知进退存亡而不失其正","与四时共序"是"知进退存亡",而其余三者便是"不失其正"。或许我们做不到,但是作《易》者既然告诉我们,意思必定是可以努力而为之,正所谓"知其不可而为之"吧。

一旦做到与天地合德,与日月同明,与四时共序,与鬼神合吉凶,自然就能够做到"先天而天弗违,后天而奉天时",因为已经掌握了天体运行的规律,可以做到鉴古而知未来,从而未雨绸缪。

一切行动都符合自然法则与规律,作出的一切决定也都与天地鬼神相一致。谁能够做到这一点呢?或许只有老子所说的"师法自然"并达到"无为而无不为"境界之人吧!

行动指南

用天地、日月、四时与鬼神来讲自然之道有些令人望而却步。因此,在现实中,我们希望将自然之道演化成一些可以感受并且能够遵循的规则。

自然之道的根本是首先明白企业的目标,然后分析实现这一目标需要什么样的人力、物力和社会资源。一旦这一切清晰之后,领导者便按照时间进展做好进度规划,为每一个阶段配置相应的人力、物力和社会资源,然后让一切自然进行。

问题的关键是事情常常进展得很不顺利,也就是无法做到顺其自然。这意味着在实施之前有一项工作没有真正做到位:人才配置。事实上,如果找到了适合的人,只要为他们提供相应的资源,就能够确保目标的实现。因此,几乎所有杰出的管理者都将人视为管理的根本。

这也便是"九五"大人,尽管"飞龙在天",仍然需要"利见大人"的原因。

第三周

先迷,后得

《坤》:元,亨,利牝马之贞。君子有攸往,先迷,后得主,利。西南得朋,东北丧朋。安贞吉。

《彖》曰:至哉坤元!万物资生,乃顺承天。坤厚载物,德合无疆;含弘光大,品物咸亨。牝马地类,行地无疆,柔顺利贞。君子攸行,先迷失道,后顺得常。西南得朋,乃与类行;东北丧朋,乃终有庆。安贞之吉,应地无疆。

【译文】

《坤》卦:开始,通达,适宜像雌马一般正固。君子有所前往,领先走会迷路,随后走则会有人带领,比较适宜。往西南会得到朋友,往东北会失去朋友。安守正固可获得吉祥。

《彖传》说:至极的坤使一切得以开始!万物依靠它有了生长,这是顺应天的意愿的。坤以其深厚承载万物,德性广合且长久无疆;含容一切并使它们发扬光大,万物都通畅发达。雌马类属地面动物,永久驰骋在广博无疆的大地上,性格柔和温顺而适宜正固。君子有所往,抢先便会迷入歧途偏失正道,在后跟随可以获得恒常。前往西南获得朋友,是有同类共行;往东北失去朋友,但最终也会有喜庆。安于正固的吉祥,正应合大地的美德永葆无疆。

笔 记

《坤》卦中最大的特征便是用"牝马"象征君子,这一点很耐人寻味。为什么《乾》卦中的君子是"龙",到了《坤》卦中便成了"马"?如果我们将乾坤两卦结合起来看,就可以一目了然。

《说卦》云:"乾为天,为君,为父,坤为地,为臣,为母。"这表明了乾坤二卦的本质,乾是主导者,所以用"龙"来表示,坤是配合者,因此用"马"来象征。《文言》"坤道其顺乎! 承天而时行"说的也是这一道理。所有的事情都必须乾坤两者和谐相处、配合默契,才能够顺利发展。同时,"龙"与"马"还另有深意:一个在天不知疲倦,一个在地驰骋无疆,两者都可谓永不停息,所以古人又用"龙马精神"来形容自强不息。

既然坤代表的是配合者,如果贸然抢先很容易迷失方向。主导者还没有讲明方向,配合者便开始盲目行动,最后的结果必然是一团糟。

当然,坤的价值也是不容忽视的。主导者有再好的想法、再伟大的构思,如果没有配合者去执行和实施,就永远只能是想法和构思而已。这就有点类似于企业中的高层领导与中层管理者之间的关系,再好的战略得不到实施也是毫无意义的。

行动指南

当一个人身处配合的位置时,切忌盲目行动,而应遵循上司指导,严格按照计划行动,使得工作和计划取得圆满结果。

同时,还要牢牢记住自身的价值,严格履行自己的职责,因为尽管还不是企业命运的决定者,但自己是否能够"安贞"通常决定着计划的成败。

星期二
厚德载物

《象》曰:地势坤,君子以厚德载物。

【译文】
   《象传》说:大地的形势顺应无比,君子应该不断增厚自身的美德来承载、包容万物。

笔 记

这句话是与"天行健,君子以自强不息"相对应的。"天行健"一句表达的是君子要学习天体的运行状况——"自强不息"。本句要表达的意思也很明确:君子应该学习大地之"行为"。大地的"行为"是什么？是"坤厚载物，德合无疆；含弘光大，品物咸亨"，是"行地无疆，柔顺利贞"。

要做到这一切，我们应该怎么办？孔夫子为我们提供的答案是：厚德载物。

"厚德"之"厚"，乃"增厚"，是指君子应该效法大地的厚实和顺，增厚品德。"载物"之"载"，也很好理解："承载"、"包容"。也就是说君子需要不断增厚自身品德，以承载和包容万事万物。

这与儒家思想的核心——修己安人所表达的内容是一样的，同样强调了对自身的要求。当自身的能力和品德提升到一定程度之后，所做的一切都是为了让他人、身外的万事万物变得更加安定、幸福和喜悦。

"厚德载物"也可以理解成"为政以德"，以德作为政治管理的核心，一旦如此，则可以"譬如北辰，居其所而众星共之"。（《论语·为政》，意为：像北极星一样居住在固定的位置，而群星环绕四周。）

行动指南

中国传统管理只有一个核心，便是"修己安人"。这一核心的根本在于不断提升自身的品德，唯有管理者自身的品德提升到一定的高度之后，才可以去"安人"——领导他人。

因此，要成为一名优秀的管理者，我们需要不断增厚自身的品德。

星期三
覆霜，坚冰至

初六，覆霜，坚冰至。

《象》曰："覆霜坚冰"，阴始凝也；驯致其道，至坚冰也。

【译文】

初六，脚下踩着霜，坚冰将要来到。

《象传》说："脚下踩着霜，坚冰将会到来"，阴气开始凝聚；沿着规律发展下去，就一定会出现坚冰。

笔 记

　　"覆霜,坚冰至",说的是事物发展的规律,霜降之后必然是河面结冰。当然,这其中存在着一个发展的过程,所谓"冰冻三尺,非一日之寒"。但是,对于那些思维缜密、逻辑性强的人来说,看到霜降之后,他们会推断出坚冰将至。这便是人们所说的"见微知著"。

　　事物最终的成败事实上在很早之前就已经决定了,只是很多人对事物缺乏细致入微的观察,忽视了"覆霜",等到"坚冰至"时已毫无还天之力了。

　　理解了这一道理,人们便可以从一件细小的事件之中看到未来的结局。同时,也会理解无论是成功还是失败,都是不断累积的结果,不存在一夜成名,也不存在顷刻破产。《文言》说得好:"积善之家,必有余庆;积不善之家,必有余殃。臣弑其君,子弑其父,非一朝一夕之故,其所由来者渐矣!由辩之不早辩也。"

　　所有的问题都不是一朝一夕发生的,而是早已存在,关键在于是否能及时发现,从而做到防微杜渐。最高明的危机管理是杜绝危机,而要杜绝危机,就必须真正理解"覆霜,坚冰至"所蕴涵的深意。

行动指南

　　西方有一句谚语:"天使在细节中,魔鬼也在细节中",表达了细节的重要性。这与"覆霜,坚冰至"所表述的概念是一致的。对细节的态度通常决定着事物的成败,在管理领域,这已经演化成一项新的管理理念——"细节管理"。

　　"覆霜,坚冰至"教给我们一种观察细节的方法。不是观察细节本身,而是分析细节,由此判断未来的发展和趋势。

星期四

直、方、大

　　六二,直方大,不习无不利。

　　《象》曰:六二之动,直以方也;"不习无不利",地道光也。

【译文】

六二,正直,端方,宏大,不学习也没有不利之事发生。

《象传》说:六二的变动,趋向正直、端方;"不学习也没有不利之事发生",因为地道广大。

笔 记

初六告诉我们要懂得从细节中寻找事物发展的趋势和规律,六二则教育我们要保持本质——直方大。那么,什么是直方大呢?

《文言》给出了答案:"'直'其正也,'方'其义也。君子敬以直内,义以方外。敬义立而德不孤。""直"指品行纯正、为人正直,"方"指行为适宜。君子以严肃的态度持守内心的正直,以正当的方式规范言行的表现。做到了"直"、"方"之后,自然就达到了"大"——"德不孤"意味着美德广泛传播,遍及四方,这便是"宏大"。

一个人做到了品行纯正、为人正直,行为也符合礼节,没有出格之处,这样自然可以"不习无不利"。

在这里,我们讨论一下"习"——学习。学习最关键的是什么?是内容。很多人学的不是正道,而是旁门左道,这样的学习,学得越多就会越糟糕。在六二阶段,尚未有客观中肯的评估能力,这时保持最初的真诚,不染上恶习,反而是最好的选择。

行动指南

管理者们经常讨论的一个话题是:什么样的员工最受欢迎?答案自然不是单一的,但是几乎所有的答案中都存在着一个共同点,那就是品行端正。只有品行端正的人,才会为自身的职责负责;也只有品行端正的人,才会行为合乎礼节,并且影响他人。

因此,无论是上司,还是下属,首先应该做到的是保持真实。

星期五
含章可贞

六三,含章可贞;或从王事,无成有终。

《象》曰:"含章可贞",以时发也;"或从王事",知光大也。

【译文】

六三,蕴涵美德可以持守正固;辅助君王的事业,没有功绩却有好的结局。

《象传》说:"蕴涵美德可以持守正固",应该根据时机发挥自身价值;"辅助君王的事业",智慧光大恢宏。

笔　记

六三居于下卦之上位,但还没有脱离下卦,所以存在着诸多困境。处于这一阶段,最好的选择便是"含章",将自身的美德掩藏起来,或是"知光大",不居功自傲,而是将功劳归结给君王,甘居辅助之位。如此一来,尽管没有功绩,但还是可以获得美好的结局。

六三讲述了两个方式:一是选择韬光养晦,等候时机发挥才能;二是一心辅助君王,即便是自身的功劳也归于君王。很多年轻人采取的方式往往与此截然相反,他们盲目冲动,而且好大喜功,时常争功邀赏,最终导致上司对他们极其不满,招致不必要的打压。

行动指南

在没有良好的时机和机遇之时,培养自身的品德,保持品行和修养;在机会来临时,及时把握并发挥自身的价值。

辅助上司要懂得让功,将功劳归结给上司,从而赢得信任,乃至获取嘉奖。

星期一
括囊无咎

六四,括囊,无咎无誉。

《象》曰:"括囊无咎",慎不害也。

【译文】

六四,束紧囊口,没有灾难也没有荣誉。

《象传》说:"束紧囊口,没有灾难",谨慎小心可以避免祸患。

笔 记

到了六四阶段,这时已经进入上卦,处境更加危疑不安,最好的选择便是"慎"。而"慎"最重要的则是"慎言"、"慎行",历来大多灾祸都是由言行不慎而招致的。

《周易》擅用比喻和象征,"括囊"便是比喻,用"束紧囊口"比喻"缄口不言"与"韬光养晦",一旦做到"括囊",自然就不会遭受灾祸,但是也会因此而无法获得赞誉。当然,对于处于六四阶段的人来说,避免灾祸是第一要务,即便是没有赞誉,也应毫不犹豫地选择"慎言慎行"。所谓"天地闭,贤人隐"吧。

行动指南

身在职场就必须遵循职场的规则,应该懂得什么话该说,什么话不该说,什么事该做,什么事不该做。如果不能够弄清楚这一切,而说了不该说的话,做了不该做的事,那必将招来不必要的麻烦和误会,甚至丢失工作和遭到处罚。

因此,在职场之中,应该时刻保持谨慎,正如曾子所说的"战战兢兢,如履薄冰"。唯有如此,才能够在职场顺利发展。

星期二
黄裳元吉

六五,黄裳,元吉。

《象》曰:"黄裳元吉",文在中也。

【译文】

　　六五,(穿着)黄色的衣裳,至为吉祥。

　　《象传》说:"(穿着)黄色的衣裳,至为吉祥",以才华品德持守中道。

笔 记

　　到了六五阶段,意味着配合者达到了最高的位置,可以说"位极人臣"了。但是,有一点一定要记住,那就是尽管以臣身居君位,却与九五之尊有着很大区别。因为九五是以阳居阳位,而六五则是以阴居阳位,所以必须采取不一样的处事原则和方式。

　　那么,六五应该怎么办呢? 很简单,"无为而治"。很多人对"无为而治"存在错误理解,认为"无为"就是什么都不做,事实绝非如此。老子在《道德经》中强调"无为而无不为","无为"是为了达到"无不为",其实就是"师法自然",也就是说让一切自然地发生。"尧、舜垂衣裳而天下治"表达的也是这一意思。

　　坤卦的特征是柔顺,是配合,因此,尽管六五已经到了配合者的最高地位,也必须发挥自身的特长,应该采取顺应、配合的方式推进事物的发展。

　　"文在中也"的"中"即"中道",本质便是"中庸之道"。"中庸"绝非一些人所谓的中等、平庸,而是讲求事事做得合乎礼仪、做得适宜,最终的目的是为了创造和谐。这样理解"文在中也"就很轻松了,为什么六五能够做到"黄裳元吉",因为他以才华品德持守中道。

行动指南

　　这段话比较适合当今的职业经理人思考和学习。他们的身份正好切合于

"六五"，很多职业经理人希望在企业内植入自身的思想和理念，但大多最终以失败告终。当然，也有很多人取得了成功，例如有世界第一CEO美誉的杰克·韦尔奇。他为什么能够成功？原因其实很简单，他顺应了时代发展的要求，对通用电气进行了改造和提升，而不是强制性地实行变革。

作为职业经理人，不仅需要考虑企业的发展，还需要参照市场环境的变化，只有在此基础上才能够做到"顺应自然促进企业发展"，做到"黄裳元吉"。

星期三
龙战在野

上六，龙战在野，其血玄黄。

《象》曰："龙战于野"，其道穷也。

用六，利永贞。

《象》曰：用六"永贞"，以大终也。

【译文】

上六，龙在野外争战，流的血是青黄色的。

《象传》说："龙在野外争战"，纯阴之道已经走到了尽头。

用六，适宜永久守持正固。

《象传》说：用六"永久守持正固"，获得宏大的结局。

笔 记

"龙战在野"是配合者最危险的举动，是说如果位极人臣之后，还想成为真正的主导者，即从职业经理人转变为企业的所有者，必定会产生争战。这样的事件在历史和现实中时常发生，当然，结果都很糟糕，大多是两败俱伤。

事实上，"上六"与"上九"所要表达的意思是类似的，都是提醒人们做事不要太过，否则会物极必反，造成不必要的伤害。

读到了"上六"，我们会感受到《周易》的智慧之处，它对人生的各种状态可谓了如指掌，不仅如此，还给了我们很多的警示和提醒，使我们不至于因误入歧途而懊悔终生。

用六是对整个《坤》卦的总述,强调坤卦的核心:适宜永久守持正固。唯有如此,才可以获得"大终"。"大终"之"大"同于"直方大"之"大",做到了品行纯正、言行适宜,才可以做到"宏大"——使美德广布天下。

行动指南

作为管理者,最重要的是顺应企业的发展需求,履行自身的职责,而不要放大一己的欲望,最终导致无谓的争斗,所谓"阴疑于阳必战",很多人因此而一生落魄不堪。

所以,《坤》卦最终强调"利永贞",应该永久地保持正固,使自己品行纯正、言行适宜,唯有如此,才可以善始善终,获得人生和事业的美满幸福。

星期四
刚柔始交而难生

《屯》:元,亨,利,贞。勿用有攸往,利建侯。

《彖》曰:屯,刚柔始交而难生。动乎险中,大亨贞。雷雨之动满形,天造草昧。宜建侯而不宁。

《象》曰:云雷,屯。君子以经论。

【译文】

《屯》卦:开创,通达,适宜,正固。不要有所前往,适宜建立诸侯。

《彖传》说:屯卦,阳刚与阴柔开始相交而困难随之降生。在危险中变化发展,使一切趋于亨通和正固。雷震雨润,则品物流形,但上天造化的万物仍处于草昧阶段。这时适宜建立诸侯并且努力不止。

《象传》说:(上卦坎为)云雨,(下卦震为)雷声,二者相合为屯。君子应该不失常道。

笔　记

　　《乾》、《坤》二卦之后,便是《屯》卦,到了《屯》卦,万物开始生长,《序卦》云:"屯者,物之始生也。"

　　万物初生,没有一丝尘世的污染,所以保持了《乾》卦之特征——开创,通达,适宜,正固。但是,初生事物总是会遭遇很多灾难,甚至有可能被扼杀于摇篮之中,所以不可贸然寻求发展,而是不失常道地细心经营、筹划,使资源、时机逐渐完备,正所谓"君子以经论"而建诸侯。

　　《屯》卦教导我们,在处理一个新的事务、启动一个新的项目或变革时,总是会遭到很多阻力,但是只要能够慎重行事,有规划地进行经营管理,最终一定可以达到"通达"。

行动指南

　　领导一个新项目和变革时,应该慎重规划,处心经营,待一切资源和条件完全成熟之后再采取行动。

星期五

以贵下贱

　　初九,盘桓,利居贞。利建侯。

　　《象》曰:虽盘桓,志行正也。以贵下贱,大得民也。

　　六二,屯如,邅如。乘马班如,匪寇婚媾,女子贞不字,十年乃字。

　　《象》曰:六二之难,乘刚也。十年乃字,反常也。

【译文】

　　初九,徘徊不前,适宜静居守持正固。适宜建立诸侯。

　　《象传》说:虽然徘徊不前,但志向行为能够保持端正。身份尊贵却能够甘居下位,可以大得民心。

> 六二,初创之时时常徘徊。乘马的人纷纷前来,不是强盗而是前来求婚者,女子守持正固不急于出嫁,持久十年才缔结良缘。
>
> 《象传》说:六二的难在于阴处阳上,十年才缔结良缘,说明一切恢复正常了。

笔 记

在我看来,《周易》是一部警示之著,它将我们人生之中有可能遭遇的三百八十四种状态一一阐述出来,并告诉我们应该采取什么样的行动。如果我们严格遵循《周易》,便可以做到"先天而天弗违,后天而奉天时",也即做到了顺应自然之道。

《屯》卦告诉了我们处于最初发展时或许会遭遇的六种状态。

初九,虽然是阳在阳位,但是由于羽翼不够丰满,做事会遭遇挫折,所以出现徘徊不前的状态。但是由于出发点是好的,并且以阳居于阴(六二)下,能够赢得人心,所以《周易》告诉我们只要静居守持正固,培养元气,一定可以找到发展的机会和条件。

六二的情况则不太理想,很有可能长期无法施展抱负。"十年不字",为什么?因为处于阳位(初九)之上,有悖常理,这时采取的最好方式便是守持正固,等到"反常"。

行动指南

在一个项目的开始之初,管理者应该慎时度势,采取谨慎、周密的举措,寻求充足的资源,创造条件和机遇。

作为配合者,则要耐心守候,不可操之过急,正如"太公在海滨,伊尹在莘野,孔明在南阳"(《紫岩易传》)。

顺其自然

第一周

星期一
见机行事

六三,即鹿无虞,惟入于林中;君子几,不如舍,往吝。

《象》曰:"即鹿无虞",以从禽也;"君子舍之,往吝",穷也。

六四,乘马班如,求婚媾;往吉,无不利。

《象》曰:求而往,明也。

【译文】

六三,追逐山鹿没有虞人(即熟悉地形和鹿性的虞官,掌管着山林)引导,只是陷入深林之中;君子应当见机行事,不如舍弃,一意孤行必有灾难。

《象传》说:"追逐山鹿没有虞人引导",指贪心于追捕禽兽;"君子舍弃,一意孤行必有灾难",指走上绝路。

六四,乘马蜂拥前去,求婚配;前往吉祥,没有不利之处。

《象传》说:有求而前往,是明智的。

笔 记

《屯》卦之"六三",有盲目冒进之象,在没有虞人引导的情况下追捕猎物,这样必然会陷入困境。所以,作《易》者给出了劝告:在这种时刻应该学会见机行事,并且懂得舍弃。这令我想到很多创业者,在没有专业人士的指导下贸然寻求发展,最终以失败而告终。

到了六四,情况有所改变,四居上位,而且柔得正位,这时需要的是发掘人才,正如刘备三顾茅庐。如果保持真诚、务实的心态去行动,必定能够有所收益。所以说"往吉,无不利"。

《屯》卦,一切才刚刚开始发展,所以必定会遭遇一些挫折和困境,这时往往需要专业人士的支持和帮助才能够顺利走出困局。所以,六三、六四都强调人才的重要性。

行动指南

在不具备足够能力的情况下,应该学会放弃。最重要的是一定要找到专业人士,在他们的指导下行事。

很多时候要找到适合的人才,往往需要躬身求才,做到以上求下,从而取他人之长补己之短,这样就可以顺利打通"屯难"局面。

星期二
施未光也

九五,屯其膏。小,贞吉;大,贞凶。

《象》曰:"屯其膏",施未光也。

上六,乘马班如,泣血涟如。

《象》曰:"泣血涟如",何可长也?

【译文】

九五,克服初创时期的艰难,即将广施膏泽。柔小者,守持正固可获吉祥;刚大者,守持正固可防凶险。

《象传》说:"克服初创时期的艰难,即将广施膏泽",所施的恩泽尚未广泛。

上六,乘马者蜂拥而至,哭泣得血泪涟涟。

《象传》说:"哭泣得血泪涟涟",如何可以长久?

笔 记

九五,阳在阳位,一切已经获得了好转,已经克服了初创时期的困难,但是由于还没有能够广泛布施恩泽,这时最需要的是"谨慎",也即守持正固。守持正固可以获得吉祥和防止凶险。前面我们已经说过"贞"包含最多的概念是"诚信",

也就是在九五之时，一定要信守诺言，言行一致。

上六，走到了顶点，再向前已经没有道路了，所以情况非常糟糕，"泣血涟如"。但是，当事物发展到一个极限，必然会产生变化。因此，糟糕的情况必定不会持续很久，所以《象传》说"何可长也"。到了这一步，《屯》卦也到了向前发展的时机了。

行动指南

创业到了一定的阶段，业务、人员、内部管理等初步稳定，这时最重要的是诚信，一定要做到言出必行，不要让下属和外界产生不信任的感觉。

同时，一旦突破了发展初期的制约，我们将会发现以往的思路不再适合，需要寻找新的规划和策略，这尽管是一个痛苦的过程，但也意味着将进入一个新的发展阶段。

星期三
果行育德

《蒙》：亨。匪我求童蒙，童蒙求我；初筮告，再三渎，渎则不告。利贞。

《彖》曰：蒙，山下有险，险而止，蒙。"蒙，亨"，以亨行时中也。"匪我求童蒙，童蒙求我"，志应也。"初筮告"，以刚中也；"再三渎，渎则不告"，渎蒙也。蒙以养正，圣功也。

《象》曰：山下出泉，蒙；君子以果行育德。

【译文】

《蒙》卦：通达。不是我求幼童启蒙他，是幼童求我启蒙；初次求问告知他结果，再三求问是不用心，不用心则不再告知。适宜守持正固。

《象传》说：蒙，山下有险阻，遇到危险就会止步，迷惘。"蒙，亨"，是指以通达的方式做到合时适中。"匪我求童蒙，童蒙求我"，是志趣相投。"初筮告"，因为阳刚之气适中；"再三渎，渎则不告"，不用心会持续迷惘。启蒙时期应该注意培养纯正无邪的品质，这是圣人的功业啊。

《象传》说：山下有泉水，启蒙；君子以果断的行为培养美德。

笔 记

《序卦》说"物生必蒙"，万事万物在初生之时必定会充满迷惘，这就需要帮助他们开启智慧，所以需要启蒙教育。《蒙》卦表达的正是这一层意思。《礼记·学记》云："建国君民，教学为先。"可见启蒙教育的重要性。

当然，教学也强调主动性，所以说"匪我求童蒙"，而是"童蒙求我"，只有有决心、渴望学习的人才可以真正学到知识。而且，对于那些不用心学习的则采取回避的方式和态度。这里的"渎"可理解为"不用心"。我们在做一件事时，最典型的亵渎表现便是心不在焉，一个人学习不用心才会反复询问，用心默记的人往往无需反复教育。在启蒙阶段就注意培养纯正的品质，自然有望成就圣人。

《蒙》卦由下坎上艮构成，坎为水，艮为山，所以说"山下出泉"，泉水慢慢汇集成河，是成长之象。这也是想让君子体会到只有不断地果断行动才可以培养出自身的美德。

《蒙》卦寥寥数语却表达出古时的教育思想和方式。

行动指南

在发展的初期，我们应该注重学习，摆脱迷惘。在学习的过程之中应该主动、积极，唯有如此，才能够学到真正的知识。

同时，品德是至关重要的，因此，一定要强化品德培育。培养品德的最佳方式是果断行动，因而作为管理者还应注重行动。

星期四
以法为正

初六，发蒙，利用刑人，用说桎梏，以往吝。

《象》曰："利用刑人"，以正法也。

九二,包蒙,吉。纳妇,吉,子克家。

《象》曰:"子克家",刚柔接也。

六三,勿用娶女,见金夫,不有躬,无攸利。

《象》曰:"勿用娶女",行不顺也。

【译文】

初六,启发蒙昧,利用用刑之人为示范,用来使人脱离桎梏,一意孤行必定会遭遇灾难。

《象传》说:"利用刑人",是为了让人遵循于法则。

九二,包容蒙昧,吉祥。迎娶妻室,吉祥,子辈能够顺利治家。

《象传》说:"子克家",刚柔相互交接。

六三,不要娶这个女子,她见到美貌的异性,便会不顾体统,娶了她没有任何益处。

《象传》说:"勿用娶女",做事不顺利。

笔 记

对于蒙昧无知的人,我们需要对之进行启蒙教育。教导的第一件事是"以法为正",首先要让他们懂得什么是规则,什么是法制。这正是儒家强调礼仪之重要性的根本原因。一个人不懂得法则而胡乱行事,最终必定会遭遇挫折,乃至"桎梏"之灾。

当然,人非生而知之,所以对于那些蒙昧无知的人,一定要懂得包容,从正面去引导他们,启发他们的智慧。这样就会非常吉祥,就像迎娶妻室、子辈顺利治家一般吉祥。"家"在中国人心目中占据着极其重要的位置,而娶亲、治家则是重中之重。可见包容无知之人是多么吉祥。

六三则强调了忠诚,在古代,最能够反映女子品德的便是"忠诚",而这个女子却不知廉耻,缺乏忠诚,对于这样的人应该采取敬而远之的态度,所以,《周易》说"无攸利"。

行动指南

作为管理者,我们需要对那些缺乏能力和知识的员工进行辅导,辅导从一些原则性的问题开始,使他们知道什么该做、什么不该做。

同时,管理者还必须学会包容蒙昧的下属,对他们进行细致、深入的辅导,从而使他们能够胜任自身的工作。

当然,对于那些缺乏足够忠诚度的员工,应该采取敬而远之的态度,以免给企业的发展带来不必要的麻烦。

星期五
当头棒喝

六四,困蒙,吝。
《象》曰:"困蒙之吝",独远实也。
六五,童蒙,吉。
《象》曰:"童蒙之吉",顺以巽也。
上九,击蒙。不利为寇,利御寇。
《象》曰:"利用御寇",上下顺也。

【译文】

六四,被蒙昧所困,有灾难。
《象传》说:"困蒙之吝",是独自远离现实。
六五,启发儿童的蒙昧,吉祥。
《象传》说:"童蒙之吉",顺应而且谦逊。
上九,猛击以启发蒙昧。不利于用粗暴过甚的方式,适宜采用抵御强寇的方式。
《象传》说:"利用御寇",上下的志愿相一致。

笔 记

一个人一旦被蒙昧所困扰,多会胡乱行动,如此一来,必定遭遇灾难。因此,作《易》者希望通过六四来告诫人们:在蒙昧之时,不要远离现实,要懂得虚心请教,从而避免"困蒙之吝"。

在管理过程之中,相信大多数管理者都对一件事颇为头疼:安排和教导下属学习,却得不到理想的结果,总会有一些人不在状态。这时,你或许会羡慕《蒙》卦之六五,在启发他人时,他人顺应并且谦逊。当然,只有采取顺应与谦虚的态度,才能够真正学到知识。

读到上九,我不由自主地想到佛学中所谓的"当头棒喝"。当学佛者渐修到一定程度时,要提升非常艰难,这时大多需要高僧指点,而"当头棒喝"则是使他们从渐修到顿悟的一种重要教学方式。"击蒙"应该有几分类似于"当头棒喝",当然,作为一种教学方式,"击蒙"一定要适度,不能过于粗暴,否则得不偿失。而且,这种方式适宜于在双方都有意愿的前提下进行:求学者心诚,教学者希望学生得到提升,如此,才称得上是"上下顺也"。

行动指南

对于不擅长的工作,一定不要盲目行动,而要先虚心请教专业人士。同时,学习时一定要采取谦逊、顺应的态度,否则,学也是白学。

第二周

等待时机

《需》：有孚，光亨，贞吉，利涉大川。

《彖》曰："需"，须也；险在前也，刚健而不陷，其义不困穷矣。"需，有孚，光亨，贞吉"，位乎天位，以正中也。"利涉大川"，往有功也。

《象》曰：云上于天，需。君子以饮食宴乐。

【译文】

《需》卦：心怀诚信，光明亨通，守持正固可获吉祥，适宜于跨越大河流。

《彖传》说："需"，有所期待；险难在前方，刚强健实而不陷于厄境，适宜而不会困穷。"需，有孚，光亨，贞吉"，位居"天"的位置，并且处于位置正中（指九五）。"利涉大川"，勇往直前必定能够获得成功。

《象传》说：云飘到天上，象征"期待"。君子应该安于饮食宴乐以待时机。

笔 记

《需》卦，下乾上坎，象征"期待"。《周易正义》："需者，待也，物初蒙稚，待养而成。""孚"，信也；"光"，光明之意；加上"贞吉"，这句话告诉我们在有所期待之时，应该保持诚信、光明、守正，如此便可以获得"亨"、"吉"。而且，还可以跨越大河流，也就是说可以应付大的困难和问题。

《需》卦与前面的《屯》、《蒙》不太一样，《需》卦鼓励人们勇往直前，而不是谨小慎微，而且应该以"刚健"处置事务，只要选择适合的行为就可以了。当然，最重要的是《需》卦中的"九五"位居正中，"利涉大川"，所以适宜一往直前。

尽管如此，我们还是要懂得等待，懂得在适合的时机采取行动。人们常说"机会只垂青有准备的人"，所以，君子应该"饮食宴乐"以待时机。

行动指南

作为管理者,一定要记住以下几点:保持诚信,光明磊落,守持正固。做到了这几点,即使面对困难也可以顺利渡过。

星期二
恒心无咎

初九,需于郊,利用恒,无咎。

《象》曰:"需于郊",不犯难行也。"利用恒,无咎",未失常也。

九二,需于沙,小有言。终吉。

《象》曰:"需于沙",衍在中也;虽小有言,以终吉也。

九三,需于泥,致寇至。

《象》曰:"需于泥",灾在外也。自我致寇,敬慎不败也。

【译文】

初九,在郊外等待,适宜保持恒心,必定没有咎害。

《象传》说:"需于郊",不朝着险难前行。"利用恒,无咎",没有失去常理。

九二,在沙滩上等待,会有一些流言飞语。坚持到底必定吉祥。

《象传》说:"需于沙",(九二)从容处于中心;虽然有一些流言飞语,但最终以吉祥结束。

九三,在泥潭中等待,招致匪寇到来。

《象传》说:"需于泥",灾祸在外面,自我招致匪寇,说明(九三)要谨慎行事才能够避免危害。

笔 记

《需》卦主要讲述等待。从初九开始,一直在讲等待的位置,无论是在郊外、沙滩,还是泥潭之中等待,都不会导致特别大的灾难。即使是九三在泥潭中等待,也只不过是招致匪寇前来,如果能够谨慎行事则也可以全身而退,不受到一丝伤害。

初九、九二强调的是"恒心",一个人没有恒心,便会什么事都办不了,所谓"人而无恒,不知其可"(一个人没有恒心,就不知道他能够做什么了)。同样,几乎所有的成功者都会告诉你"恒心是取得成功的重要条件之一"。

九三则告诉我们大多数灾难都是由自身招致而来的,造成这一结果的最重要的原因便是做事不够谨慎。所以在处理事务时一定要注意细节,小心为之。

行动指南

无论处理什么事务,一定要有恒心,不可半途而废。

星期三
顺以听也

六四,需于血,出自穴。
《象》曰:"需于血",顺以听也。
九五,需于酒食,贞吉。
《象》曰:"酒食贞吉",以中正也。
上六,入于穴,有不速之客三人来。敬之,终吉。
《象》曰:"不速之客来,敬之终吉",虽不当位,未大失也。

【译文】

六四,在血泊中等待,从洞穴中脱身。
《象传》说:"需于血",顺从听命于天命。
九五,在酒食餐饮中等待,守持正固可以吉祥。
《象传》说:"酒食贞吉",(九五)居中得正。
上六,落入洞穴,有三位不速之客前来,恭敬相待,最终获得吉祥。
《象传》说:"不速之客来,敬之终吉",虽然身处的位置不当,但没有重大的失误。

笔 记

六四，上六是最为幸运的了，一个在血泊中等待，从洞穴中脱身；一个落入洞穴，却有三位不速之客前来搭救。为什么会如此幸运呢？两个原因：一是顺应天意，听从于天命，而不是逆行于天；二是待人恭敬有加，遵循礼仪。

九五，居中得正，可谓条件非常之好，可谓衣食无忧，但是一定要守持正固，否则就会沉湎于酒食之中，最终意志消沉。

三者结合起来看，就会发现，在等待中，我们需要顺应天意、守持正固和待人恭敬。

行动指南

在推进一个新项目时，我们一定要顺应外界的市场需求和内部的资源与能力，同时在运营过程之中守持正固，在待人接物方面处处谨慎，做到礼让为先，这样很多困难必将迎刃而解。

星期四
作事谋始

《讼》：有孚窒惕，中吉，终凶。利见大人，不利涉大川。

《彖》曰：讼，上刚下险，险而健，讼。"讼：有孚窒惕，中吉"，刚来而得中也。"终凶"，讼不可成也。"利见大人"，尚中正也。"不利涉大川"，入于渊也。

《象》曰：天与水违行，讼；君子以作事谋始。

【译文】

《讼》卦：诚信被窒塞、心有惕惧，持中不偏可获吉祥，（争讼）不已则会招致凶险。适宜见大人，不适宜涉越大河巨流。

《彖传》说：争讼，阳刚（乾）居上，险陷（坎）居下，面临险境而保持刚健，（能够）争讼。"讼：有孚窒惕，中吉"，阳刚前来而且行为适中。"终凶"，争讼不已是没有成果的。"利见大人",决讼崇尚受持中正。"不利涉大川",(恃刚乘险)将陷入深渊。

《象传》说:天(乾)与水(坎)逆向而行,(象征不和睦),导致争讼;君子应该在做事之前认真考虑事情的源起。

笔 记

《序卦》谈及《讼》卦时,直截了当,"饮食必有讼"。何谓"饮食"? 自然是利益。回到现实之中,我们可以发现一切争讼都源于利益,没有利益冲突就不可能引起争讼。那么,利益冲突又为什么会产生? 是因为"孚窒",诚信被窒塞了。我们可以这样理解:争讼是因为利益产生了冲突,利益冲突往往又是因为有人失去诚信。

如此,理解《讼》卦就变得简单了。争讼的起源是利益冲突,化解冲突最重要的是保持公平公正,一旦偏移公正,必定会造成混乱。当然,争讼双方也不能纠缠不清,为什么? 因为争来争去都为了利益,穷极争讼只会导致外界对双方都产生不良的印象。所以说"终凶"。

双方争来争去,如果没有一个人来判断是非,必定会导致争讼无休无止,所以,这时"利见大人",同时因为官司在身,不利于有大的行动,所以"不利涉大川"。

《象传》中的总结很是意味深长,"作事谋始",很多事在最初便已经注定会失败,所以应该注重开始。更进一步来讲,争讼最根本的起源是诚信缺失,所以《周易》提醒我们在做事的过程之中一定要注重诚信,从而避免不必要的争讼。

行动指南

"良好的开端是成功的一半",所以,在采取行动之前一定要慎重考虑,排除一切有可能导致失败的因素。

同时,大多数争端的起源都来自于诚信缺失,因此每一个人(尤其是管理者)都应该注重诚信。

星期五

不与人争

初六,不永所事,小有言,终吉。

《象》曰:"不永所事",讼不可长也;虽"小有言",其辩明也。

九二,不克讼,归而逋,其邑人三百户,无眚。

《象》曰:"不克讼",归逋窜也;自下讼上,患至掇也。

六三,食旧德,贞厉,终吉;或从王事,无成。

《象》曰:"食旧德",从上吉也。

【译文】

初六,不长久纠缠于争讼,尽管有一些流言飞语,最终将获得吉祥。

《象传》说:"不永所事",争讼之事不可以长久;虽然"小有言",但黑白是非已经辨别明确。

九二,没有胜诉,回来之时逃亡到一个三百户人家的小邑,(居此)没有祸患。

《象传》说:"不克讼",归来之时逃亡流窜;(九二)居下与居上的九五争讼,灾患来临(因及时躲避)而又中止。

六三,依靠旧日的德业,守持正固以防危险,最终获得吉祥;或是辅助君王的事业,没有成功。

《象传》说:"食旧德",顺从上位是吉祥的。

笔 记

初六、九二、六三讲述了三种应对争讼的方法。初六,阴处阳位,有退而不争之象,所以"不永所事",这样一来,尽管会有一些风言风语,但是因为及时选择退出而最终获得吉祥。同时,由于不强行争辩,事理自明,所以最终还是获得了大家的理解。

九二针对的是争讼失败之后的举措,"归而逋"。正所谓"三十六计,走为上",既然无法"克讼",那还不如选择逃避,等事情平息之后再作打算。很多人采取了这一策略,最终获得了东山再起的机会。

六三则选择安静,依靠当年的功德,谨慎度日,不与人争斗。或是选择辅助他人,并且不抢占功劳,而是将功劳划归上司,有些类似于《坤》卦之六三"或从王事,无成有终"。

从这三点来看,我们会发现《周易》一直在表达这样一种思想:如果能够避免争讼,则尽量避免。或许,《讼》卦的最终意义在于劝告世人放弃争讼。正如孔子所说:"听讼,吾犹人也,必也使无讼乎。"(《论语》)

行动指南

在经营企业的过程之中,总是不可避免地会产生一些利益分配不合理的事件,在处理这些事务时,应力求避免打官司,不要与他人产生直接竞争,以避免两败俱伤。

星期一
讼不可极

九四,不克讼,复即命,渝,安贞吉。

《象》曰:"复即命,渝",安贞吉不失也。

九五,讼,元吉。

《象》曰:"讼,元吉",以中正也。

上九,或锡之鞶带,终朝三褫之。

《象》曰:以讼受服,亦不足敬也。

【译文】

九四,没有胜诉,回来归于正理,改变(争讼的)想法,安于守持正固可获吉祥。

《象传》说:"复即命,渝",安于守持正固不会有所损失。

九五,争讼,至为吉祥。

《象传》说:"讼,元吉",(九五)居中位而守持正固。

上九,(凭借)胜诉获赐饰有大带的显贵服饰,一天之内却多次被剥夺。

《象传》说:因为争讼而受到赏赐,也是不值得尊敬的。

笔 记

九四阳刚,可谓"性健能讼",但是阳在阴位,位不当也,所以"不可讼"。很多人在官司失利之后不思悔改。《周易》则告诉我们,败诉之后应该"复即命,渝",改变初衷,并且守持正固。

九五,阳居阳位,其德"中正",有讼也必定是遭受他人诬陷,或是误解,所以不需要回避争讼,而是应该进行光明正大的"争讼"。

上九,尽管因为争讼而赢得了赏赐,但因为争讼期间不时产生变动,所以在短时间内将其多次剥夺。《象传》则更是直截了当地提出:因为争讼而赢得赏赐,是不值得尊敬的。这就是在本质上不鼓励人们去争讼。正如《象传》中所说:"君子以作事谋始",做事之前应该谨慎考虑,凡事均须明确职责和条约,从而使"讼"无从生,争无由起。

行动指南

与人争讼,无论胜负,都不足取,尤其是对于企业的经营者来说更是这样。因此管理者应该在双方合作之初便明确各自的责任,防微杜渐,一切制度化、规范化,使争端无所发生。

星期二
公平公正

《师》:贞,丈人吉,无咎。

《彖》曰:师,众也。贞,正也。能以众正,可以王矣。刚中而应,行险而顺,以此毒天下,而民从之,吉又何咎矣?

《象》曰:地中有水,师。君子以容民畜众。

【译文】

《师》卦:守持正固,贤明统领可获吉祥,没有危害。

《彖传》说:师,部属众多之意。贞,公正之意。能够使众多的下属守持正固,可以成为君王了。刚健居中而上下呼应,履行危险之事而顺应天理,以刑法来整治天下,人民纷纷追随,势必会获得吉祥,又会有什么危害呢?

《象传》说:地中蕴藏着水源,象征"师"。君子应该广泛容纳人民、聚养众人。

笔 记

《序卦》云:"《师》者,众也。""众"则需要管理,或是统筹。《师》卦讲述的正是如何进行团队管理的命题。

团队管理最关键的因素是什么？自然是管理者,管理者决定着团队的成败。那么,管理者应该如何管理团队呢?《周易》认为只需要一个字:"贞",也即是"正"。当管理者可以做到公正、公平,并且以自身的言行守持正固之时,他一定可以带出一支出色的队伍。

这似乎并无什么新意,几乎每一位企业管理者都会提倡公平公正,但是,真正能做到的又有几人呢?

行动指南

团队管理的核心只有一个:公平公正。当然,要成为一名出色的管理者,自身必须首先做到守持正固,恪守正道。

星期三
纪律至上

初六,师出以律,否臧凶。

《象》曰:"师出以律",失律凶也。

九二,在师,中吉,无咎。王三锡命。

《象》曰:"在师,中吉",承天宠也。"王三锡命",怀万邦也。

六三,师或舆尸,凶。

《象》曰:"师或舆尸",大无功也。

【译文】

初六,发兵要依靠纪律,军纪不良必有凶险。

《象传》说:"师出以律",丧失纪律必有凶险。

九二,统率军队,持中不偏可获吉祥,没有危害。君王多次给予赏赐。

《象传》说:"在师,中吉",承受天的宠爱。"王三锡命",怀有安定天下的志向。

六三,军队作战时有尸体被载运回来,凶险。

《象传》说:"师或舆尸",则功业大丧,没有战功了。

笔　记

初六,准备发兵,就像一个团队接到命令要开拓一项新项目,这时最重要的是制定各项管理制度、明确个人的职责,否则必定会导致内部管理混乱。很多企业也制定了许多制度,可是往往形同虚设,根本没有得到彻底的执行,最终导致失败。

九二,作为一名管理者在统率军队或是团队时,最关键的是要保持客观中肯。所谓"中吉",中,乃中庸之意,即一切都做得非常适宜,如此一来必定吉祥。所以,《象传》中说"承天宠也",即中庸乃是自然之道,是天之道,做到中庸,几乎可以达到"先天而天不违,后天而奉天时"。这样,管理者自然会受到赏赐。

六三,可谓出师不利,为什么呢?因为六三阴居阳位,阴柔失正,上无阳应(上六为阴),下又乘刚(九二为阳),如此一来,发动战事必无善果。最终落得个"师或舆尸","大无功"。

行动指南

作为团队的管理者,首先应该制定相应的制度和纪律,明确团队中每一位成员的工作职责和内容,将合适的人放到合适的位置上去,使每一个人都可以发挥出自身最大的价值。

星期四
小人勿用

六四,师左次,无咎。

《象》曰:"左次,无咎",未失常也。

六五,田有禽,利执言,无咎。长子帅师,弟子舆尸,贞凶。

《象》曰:"长子帅师",以中行也。"弟子舆尸",使不当也。

上六,大君有命,开国承家,小人勿用。

《象》曰:"大君有命",以正功也。"小人勿用",必乱邦也。

【译文】

六四,军队撤退,没有危害。

《象传》说:"左次,无咎",没有失去常理。

六五,田野中有禽兽,适宜捕获,没有危害。(委任)刚正长者统率军队,(委任)无德小人必定载尸败归,守持正固以防凶险。

《象传》说:"长子帅师",行为适宜。"弟子舆尸",使用不适合。

上六,天子颁布命令,封赏诸侯和大夫,小人不可重用。

《象传》说:"大君有命",是为了确定功劳。"小人勿用",(用了)必定会导致混乱。

笔 记

"左次",依据《尚氏学》"古人尚右,左次则退也"之说,应理解为撤退之意。六四,阴处阴位,不宜与人争斗,所以选择撤退。正所谓审时度势,当退则退。

六五,阴处阳位,适宜任用贤能之人统率军队,所以应该"长子帅师",不任用贤能之人,后果不堪设想,甚至会导致国家沦陷。在战事不断的春秋战国时期,这样的案例层出不穷。

上六,到了论功行赏的阶段了,应对每一位将士进行客观中肯的评价,奖赏贤能之人,拒绝无能和品行低下的小人。这时一定要"守持正道",做到公平公正,否则,必定会导致内部混乱。

将《师》卦所阐述的内涵联系到当今的企业管理之中,我们会发现其中很多观点依然适用。首先,团队管理的最初工作必定是制定制度,明确职责;第二,领导团队要守持中道;第三,在该退却时,不要盲目冒进;第四,团队管理者必须是贤能之人,任用小人则必定会导致失败;最后,必须公平公正地论功行赏。

行动指南

任用贤能的人担任团队的管理者,同时以客观可靠的事实为依据进行奖赏或惩罚,并逐步将影响团队绩效的恶劣员工清除出局。

星期五
上下呼应

《比》:吉。原筮,元,永贞,无咎。不宁方来,后夫凶。

《彖》曰:比,吉也。比,辅也,下顺从也。"原筮,元,永贞,无咎",以刚中也。"不宁方来",上下应也。"后夫凶",其道穷也。

《象》曰:地上有水,比。先王以建万国,亲诸侯。

【译文】

《比》卦:吉祥。再筮,(亲附)尊长之德、恒久、正固之心,没有危害。四方不获安宁者前来,迟到者有凶险。

《彖传》说:比,吉祥之意。比,比附之意,意味着下司能够顺从。"原筮,元,永贞,无咎",有德者刚健居中。"不宁方来",上下相互应合。"后夫凶",他的道路走到了尽头。

《象传》说:地上布满了水,象征比附。君王以此建立万国,亲近诸侯。

笔 记

管理最难的是什么?是上下没有呼应。上司提出了一个解决思路,却没有人去认真执行,最终导致管理者的大多数想法根本无法落实。这样的情况在很多企业内不断发生。《比》卦正是针对这一状况提出了一些建议。

要做到上下呼应,最关键的是"比",即亲附。中国式管理讲求人情味,自然就离不开亲附了。那么,应该亲附什么样的人呢?卦辞中说得很清楚:元,永,贞。元,君长之德;永,可以长久,乃恒心;贞,守持正道。一个人如果做到这三点,那么就可以放心做事了。

行动指南

　　根据品德任用下属，就不会出现执行不力的情况。下属亲附"元永贞"的上司，上司亲附"元永贞"的下属，组织内部一定会上下呼应，也就不存在上下层脱节的问题了。

星期一

诚信为本

初六,有孚比之,无咎。有孚盈缶,终来有它,吉。

《象》曰:《比》之初六,有它吉也。

六二,比之自内,贞吉。

《象》曰:"比之自内",不自失也。

六三,比之匪人。

《象》曰:"比之匪人",不亦伤乎?

【译文】

初六,心怀诚信比附(九五),没有危害。(九五)诚信犹如美酒充盈酒缸,终于广泛运用于他方而使得他人前来,吉祥。

《象传》说:《比卦》的初六,广泛运用于他方,吉祥之象。

六二,从内部比附(九五),守持正固可获吉祥。

《象传》说:"比之自内",(六二)没有自失其道。

六三,亲附行为不当之人。

《象传》说:"比之匪人",这难道还不是伤害吗?

笔 记

比附意味着处理好关系,是人情味的重要体现。但是,如果一味强调人情,就会陷入处理不当或是不公正的状况。因此,作为管理者,一定要从两个方面评估下属的比附:一是是否诚信。诚信是最为重要的因素,脱离了诚信,亲附就变成了巴结和阿谀奉承。二是是否拥有正直的品德。品德是任用人才最基础的条件,缺乏品德的人亲附上级,最终必然是为了拉帮结派,在组织内部搞小团体主义。

当然，对于下属来说，也需要考虑应该亲附什么样的人的问题。如果亲附了不当之人，往往会陷自身于不利。例如亲附了"匪人"，只会导致自身遭受伤害。

行动指南

身处职场的人，必须具备三项素质：保持诚信，品德出色，对事物有着清晰明确的判断标准。拥有了这三项素质，就能够获得顺利、稳定的职业发展。

星期二
顺其自然

六四，外比之，贞吉。

《象》曰：外比于贤，以从上也。

九五，显比。王用三驱，失前禽，邑人不戒，吉。

《象》曰："显比"之吉，位正中也；舍逆取顺，失前禽也；邑人不戒，上使中也。

上六，比之无首，凶。

《象》曰："比之无首"，无所终也。

【译文】

六四，在外比附于（九五），守持正固可获吉祥。

《象传》说：在外比附于贤君，（说明六四）顺从于尊上。

九五，光明无私而亲附天下。君王狩猎时从三方驱围，听任前方的禽兽逃窜，属下也不加强警戒，吉祥。

《象传》说："显比"之所以吉祥，因为（九五）位置正中；舍弃违逆而收获顺从，听任前方的禽兽逃窜；下属不加强警戒，这是君王使下属保持中道。

上六，没有可亲附之人，凶险。

《象传》说："比之无首"，（上六）没有结局。

笔 记

六四与六二是相对应的,六二是内部亲附于九五,而六四是外部亲附于九五。与六二相比,六四能够亲附于九五的一个重要原因在于其近承九五。尽管六四处于外卦,但是由于阴处阴位,所以能够柔顺得当,能够严格执行九五之意志。

九五,乃至尊之位,光明无私而亲附天下之人,可谓恩泽天下。这样的领导者自然不会强迫人们服从,所以只是从三方驱围,取顺而舍逆,采取顺其自然的形式进行管理。这样的管理可谓高明。

到了上六,就很糟糕了,居于高位,没有任何人可以亲附了,而又以阴居于最高位,不但上无所亲附,而且下也不得人心,所以结局必然会凶险。

《比》卦强调的是上下一致,思想保持统一,否则组织就有可能面临危险。

行动指南

管理者不应该强求下属,而是采取顺其自然的管理模式,让下属们积极主动地投入到工作之中。对于那些与自己意见不太一致的员工则采取敬而远之的态度。

星期三
修养品德

《小畜》:亨。密云不雨,自我西郊。

《彖》曰:"小畜",柔得位而上下应之,曰小畜。健而巽,刚中而志行,乃亨。"密云不雨",尚往也;"自我西郊",施未行也。

《象》曰:风行天上,"小畜",君子以懿文德。

【译文】
《小畜》卦:通达。天空乌云密布却不下雨,乌云升起的地方是我西邑的郊外。

> 《彖传》说："小蓄①"，柔顺者得到其位而上下阳刚与之相互呼应，称之为"小有蓄聚"。（又如）刚健而谦逊，阳刚居中而志向可以施行，所以亨通。"密云不雨"，（阳气蓄聚未足），还需要努力去做；"自我西郊"，志向尚未得到实施。
>
> 《象传》说：风飘移在天上，"小有蓄聚"；君子应该修养自身的文章品德。

笔 记

《小蓄》，象征"小有蓄聚"，但尚未到志向施行的地步，这时应该不断完善自身的品德修养，以等待时机。

卦中一阴居五阳之间，正所谓小者蓄大，但是必定所蓄甚微，所以称为"小畜"，但也正因如此，能够以小蓄大，以下济上，将有利于刚健者（九五）行事，如此一来，自然亨通。

本卦告诉我们，在处于配合地位时，一定要注重学识、涵养和品德的培养，这时还远远没到发挥才华、实现志向的时候。正如《象传》所说："还需要继续努力。"当然，到了"小畜"这一境界也已经不再是一般的下属了，而是能够影响上司，甚至是可以主导全局的中高层管理者了。

行动指南

如果你处于"小畜"所象征的位置——具有一定决策权的中高层管理者，一定需要强化自身的学识和品德，同时积极配合上司，赢得更多的支持。

星期四
返复自道

初九，复自道，何其咎？吉。

《象》曰："复自道"，其义吉也。

---

① 蓄为畜的今字。——编者注

九二,牵复,吉。

《象》曰:牵复在中,亦不自失也。

九三,舆说辐,夫妻反目。

《象》曰:夫妻反目,不能正室也。

【译文】

初九,复归自身的阳刚之道,有什么危害呢? 吉祥。

《象传》说:"复自道",初九的行为合适可获吉祥。

九二,被驱使着复归(自身的阳刚之道),吉祥。

《象传》说:被驱使着复归并且居守中位,也没有使自己失去阳德。

九三,车的辐条脱落,夫妻反目成仇。

《象传》说:夫妻反目,不能够端正家室。

笔 记

初九、九二表达的意思是一样的,即能够在错误之初及时醒悟,回归到正确的道路上,这样一来,就不会受到任何咎害,获得吉祥。但是,很多人往往固执己见,在错误的道路上不思悔改,最终走上失败之路。

九三居下卦之终,性情刚亢躁动,加上临近六四,被六四所蓄,两者的关系产生相对、相冲撞,但是因为四乘三,三受其制,导致两者反目成仇,如此一来,凶险必定难免。那么,九三应该如何才能够避免凶险呢? 只有一条出路:提升自己的品德,与六四相处采取谦逊、退让的态度,以全自身。

行动指南

当发现自己走在一条错误的道路上时,不要存有任何侥幸心理,应该立即采取措施,回到正确的道路上来。

星期五
赢得信任

六四,有孚。血去惕出,无咎。

《象》曰:"有孚惕出",上合志也。

九五,有孚挛如,富以其邻。

《象》曰:"有孚挛如",不独富也。

上九,既雨既处,尚得载。妇贞厉,月几望;君子征凶。

《象》曰:"既雨既处",得积载也;"君子征凶",有所疑也。

【译文】

六四,有信用;去除忧恼,脱离惕惧,没有危害。

《象传》说:"有孚惕出",说明(六四与九五)志向吻合。

九五,有诚信并促使(群阳共同信任六四),充实丰富相近的邻居。

《象传》说:"有孚挛如",不独自富实。

上九,已经下雨,安居在原处,推崇道德积累。妇人受持正固以防危险,月亮快要满盈;君子前往必遇凶险。

《象传》说:"既雨既处",品德已经积累到满载;"君子征凶",因为遭受怀疑。

笔 记

六四是《小畜》卦的卦主,接近九五。常言道"伴君如伴虎",稍有不慎便会遭受杀身之祸。但是《小畜》卦中的六四却可以安然无恙,可以做到"血去惕出",为什么呢? 两个字:"有孚"。因为六四信守承诺,及时完成九五布置的一切任务,赢得九五的青睐。正所谓"合志"也。

六四对九五信守承诺,九五自然也会对六四青睐有加,所以九五号召群阳共信六四,支持他的工作,并且不断丰富六四的资源。这也是高明管理者所应该做的。当有贤能的下属出现时,应该给予大力的支持和肯定。

到了上九,已经开始暴露危险的迹象,上九乘九五,必然遭受怀疑,所谓"盈则亏",所以上九应该强化道德修养,并且守持正固,一旦贸然出动,一定会受到九五的猜疑，从而受到危害。

作为下属要注意两点：一是信守承诺，以赢得上司的信任；二是不断积累自身的品德修养，保持谦逊的处事方式和原则。

领导者应该关心有能力的下属，并给予大力支持，使他们创造出更多更好的业绩。

顺势而动

辩上下，定民志

《履》：履虎尾，不咥人，亨。

《彖》曰："履"，柔履刚也，说而应乎乾，是以"履虎尾，不咥人，亨"。刚中正，履帝位而不疚，光明也。

《象》曰：上天下泽，"履"；君子以辩上下，定民志。

【译文】

《履》卦：踩着老虎的尾巴，（老虎）不咬人，亨通。

《彖传》说："履"，柔顺者以礼对待刚健者，和悦应对刚健，所以说"履虎尾，不咥人，亨"。九五阳刚居中守正，身处帝王之位也没有瑕疵，是因为光明磊落。

《象传》说：上是天，下为泽，"履"；君子应该分辨上下尊卑，端正百姓循礼的意志。

笔 记

《序卦传》说："物蓄然后有礼，故受之以《履》"，"履"即"礼"也。《履》卦强调的正是"礼"的重要性。"礼"反映在何处？在"说而应乎乾"，在"刚中正"，一旦如此，就可以达到"履虎尾，不咥人"的"亨通"状态，而九五也可以"履帝位而不疚"。

要推行"礼"，就必须设定规则和制度，也就是《象传》所说的"辩上下，定民志"，一切"礼制"一定要符合民意，若不符合民意，任何"礼制"都不可能得到贯彻和实施。这里的"辩上下"绝不仅仅是分辨上下尊卑，还包括明确各层人员的职责。

行动指南

作为管理者,最重要的任务莫过于确定"礼制",在企业管理中则表现为明确管理制度、确定人员职责,使每一位员工都能够各司其职,并从中实现自身的价值。

星期二
中不自乱

初九,素履,往无咎。

《象》曰:"素履之往",独行愿也。

九二,履道坦坦,幽人贞吉。

《象》曰:"幽人贞吉",中不自乱也。

六三,眇而视,跛而履,履虎尾咥人,凶。武人为于大君。

《象》曰:"眇而视",不足以有明也;"跛而履",不足以与行也;"咥人之凶",位不当也;"武人为于大君",志刚也。

【译文】

初九,按照平常的礼制行动,前行没有危害。

《象传》说:"素履之往",说明初九专心奉行循礼的意愿。

九二,行走在平坦的道路上,幽隐的人守持正固可获吉祥。

《象传》说:"幽人贞吉",恪守中位而使自身不乱。

六三,盲人强看,跛者强行,踩着老虎的尾巴被老虎咬伤,有凶险。勇武的人要效力于九五君主。

《象传》说:"眇而视",不足以辨别分明;"跛而履",不足以与之结伴而行;"咥人之凶",因为六三位置不当;"武人为于大君",说明六三志向刚强。

笔 记

初九,按照正常的礼制行事,尽管努力去做,不会有什么不妥,关键在于一定要做到"素履",一旦违背了这一点,就会遭受危害。

我最为关注的是九二,走在平坦的道路上,人们最容易产生懈怠,放弃谨慎,而问题正是由此产生的。作《易》者告诫我们,在顺利时同样需要守持正固,所以说"幽人贞吉","幽人"象征九二以阳处阴位。当然,尽管九二以阳处阴位,但处于下卦的中间位置,所以能够恪守中位而使自身不乱。

六三为下卦之终,以阴处阳位,问题比较严重。可谓视不明、跛不可行,而且很容易遭到伤害,究其原因,很简单:"位不当也"。那么,应该如何避免凶险,获得吉祥呢? 答案是"为于大君",即效力于九五君主,获得九五的青睐,使得上下呼应,从而可获吉祥。

行动指南

在企业发展顺利时不忘困难,时刻保持警惕,恪守中道而不盲目行动,唯有如此,才可以使企业保持持续稳定的发展。

星期三
视履考详

九四,履虎尾,愬愬,终吉。

《象》曰:"愬愬终吉",志行也。

九五,夬履,贞厉。

《象》曰:"夬履贞厉",位正当也。

上九,视履考详,其旋元吉。

《象》曰:元吉在上,大有庆也。

【译文】

九四,踩着老虎的尾巴,保持小心谨慎,最终获得吉祥。

《象传》说:"愬愬终吉",志向得以实施。

九五,果断决定,小心行走,守持正固以防危险。

《象传》说:"夬履贞厉",九五位置正当。

上九，审视走过的路，考察祸福得失，如此返回至为吉祥。

《象传》说：至为吉祥，高居上位，上九大有福庆。

笔 记

《履》卦中三次出现"履虎尾"，可是结局并不一样。卦辞中出现"履虎尾"，结果是"不咥人，亨"，意思是只要符合礼制，有所冲撞也能够获得亨通。六三爻辞出现"履虎尾"，结果不妙，"咥人"，被老虎咬着了，这是因为六三阴居阳位，乘刚妄动，违背"履"道，所以凶险。第三次则是这里的"履虎尾，愬愬，终吉"，与卦辞几乎是一样的，保持小心谨慎，最后可以获得吉祥。这令我想起曾子所说的"战战兢兢，如履薄冰"，人生只有这样，才可获得最终的吉祥。

九五，阳在阳位，而且身在帝位，做事一定要果断坚决，但是一定要恪守领导之道，保持正固。

上九最耐人寻味。到了上九阶段，可以说已经到了极限了。这时往往很多人只知进而不知退，最终导致追悔莫及。作《易》者告诫人们到了这一步应该"视履考详"，总结成败得失，从而获得最终的吉祥。

行动指南

完成任务之后，一定要进行回顾总结，找出其中的得失成败，为下一次行动提供经验和教训，从而使得每一次行动都能够顺利圆满。

星期四
上下同志

《泰》：小往大来，吉，亨。

《彖》曰："泰，小往大来，吉，亨。"则是天地交而万物通也，上下交而其志同也。内阳而外阴，内健而外顺，内君子而外小人：君子道长，小人道消也。

《象》曰：天地交，"泰"；后以财成天地之道，辅相天地之宜，以左右民。

【译文】

《泰》卦：付出微小的代价，却获得大的收获，吉祥，亨通。

《彖传》说："泰，小往大来，吉，亨。"表明天地相交而使万物通畅，（君臣）上下沟通交流而使心意相通。阳刚居内阴柔处外，刚健居内而柔顺在外，君子居内小人在外：于是君子之道昌盛，小人之道消亡。

《象传》说：天地相交，"泰"；君王由此领悟要依据天地之道制定法则，配合天地运行规则，以此引导人民。

笔 记

《泰》卦，下乾上坤，地在上而天在下，似乎颠倒了两者的位置，又如何能"泰"？这正是《周易》所揭示的根本：唯有在交合与变化之中才能产生吉祥，当地上升，天下降时，天地才能相交，从而产生变化，导致吉祥。

天地相交导致万物生长通畅，而乾坤二卦上下交会，则使得君臣上下志向合一，如此一来，结果必然是亲君子而远小人，正所谓"君子道长，小人道消"。

那么，管理者在天地相交之中应该学习什么呢？自然是学习天地之道，在管理中多加沟通、交流，从而使人民安居乐业。

行动指南

管理者应该时刻与下属保持沟通，使得企业上下目标一致，朝着共同的方向努力。

星期五
无平不陂

初九，拔茅茹，以其汇；征吉。

《象》曰："拔茅征吉"，志在外也。

九二，包荒，用冯河，不遐遗；朋亡，得尚于中行。

《象》曰:"包荒"、"得尚于中行",以光大也。

九三,无平不陂,无往不复;艰贞无咎,勿恤其孚,于食有福。

《象》曰:"无往不复",天地际也。

【译文】

初九,拔取茅草,牵连着同类;向前推进可获吉祥。

《象传》说:"拔茅征吉",志向是向外发展的。

九二,有笼括大川似的胸怀,徒步渡河,不因为遥远而有所遗漏;不结党营私,能够配合行为适中的君主。

《象传》说:"包荒"、"得尚于中行",因为(九二)光明正大。

九三,没有只平地而没有险陂的,也没有只前进而不返回的;在艰难中守持正固必定没有危害,不必担心不取信于人,在饮食上有福可享。

《象传》说:"无往不复",天地也有交接之处。

笔 记

初九、九二、九三,三阳并行,一动皆动,所以说"拔茅茹,以其汇",三卦相互牵连。三者团结一致,向前推进,有何危难?

九二,以阳居下卦之中,并且积极配合六五,可谓胸怀广阔,自然称得上是光明正大了。

九三揭示了一个真理:"无平不陂,无往不复"。绝不存在永远的一帆风顺,也不存在永远的困难挫折,在顺利时应该想到困难,身陷危机时应该想到顺利时期。高明的管理者正是如此,比如松下幸之助,在其他企业为了应付危机而焦头烂额时,他却已经为迎接经济的繁荣做好了准备,从而使松下电器成为行业的领军企业。这一点很是值得今天处于金融危机之中的领导者们思考。

行动指南

危机是一时的,在身陷危机时,我们应该做好迎接经济繁荣的准备,同样,发展和繁荣也不是永恒的,我们应该时刻做好应对危机和挫折的准备。

第二周

处泰虑否

六四,翩翩不富以其邻,不戒以孚。

《象》曰:"翩翩不富",皆失实也;"不戒以孚",中心愿也。

六五,帝乙归妹,以祉元吉。

《象》曰:"以祉元吉",中以行愿也。

上六,城复于隍;勿用师,自邑告命,贞吝。

《象》曰:"城复于隍",其命乱也。

【译文】

六四,轻松而不依靠财富就得到邻居的支持,因为诚信而不加戒备。

《象传》说:"翩翩不富",都失去了实质;"不戒以孚",符合内心的愿望。

六五,帝乙嫁出妹妹,以此得福泽最为吉祥。

《象传》说:"以祉元吉",居中不偏而实现自己的愿望。

上六,城墙倾覆于壕沟之中;不可出兵征战,自行减少政令,守持正固以防困难。

《象传》说:"城复于隍",因为(上六)的命运已经混乱。

笔 记

六四为上卦之初,与下卦诸阳气息相通,赢得了诚信,所以可以不通过财富而获得支持。事实上,无论在什么时代,诚信都是极其重要的,几乎每个人都希望合作伙伴拥有诚信,谁也不希望仅仅依靠财富而赢得他人支持,所以说"不戒以孚"是"中心愿也"。

六五乃象征之义,因阴居阳位必须要获得贤能之人支持,也就必须与九二形成上下沟通和交流,通过嫁妹获得至亲,如此一来便可打通阴阳之隔阂,从而产生上下呼应、志同道合。所以说"以祉元吉"。

上六要注意了,这是《泰》卦中最重要的一卦,其他诸卦都可获"元吉"、"吉",唯独上六,处理不慎会遭遇困难,这也正是作《易》者希望强调的"泰极否来",而上六卦则是提醒人们应该"处泰虑否",唯有如此,才可以避免灾难。

行动指南

身为领导,一定要懂得发掘贤能的人才,并且与之多加交流和沟通,从而使得企业上下心同志一,同时在企业发展顺利时要密切注意危机的出现,并及时做好准备,真正做到未雨绸缪。

星期二
俭德辟难

《否》:否之匪人,不利,君子贞;大往小来。

《彖》曰:"否之匪人,不利,君子贞;大往小来。"则是天地不交而万物不通也,上下不交而天下无邦也。内阴而外阳,内柔而外刚,内小人而外君子:小人道长,君子道消也。

《象》曰:"天地不交,否",君子以俭德辟难,不可荣以禄。

【译文】

《否》卦:违背人的意愿,不利,君子应该固守正固;付出很大的代价,只能获得微小的收获。

《彖传》说:"否之匪人,不利,君子贞;大往小来。"是因为天地不相交合而导致万物生长不通畅,(君臣)上下不交流沟通而导致国家不存在。阴居内而阳居外,柔顺居内而刚健居外,小人主内而君子在外:小人的作风在成长,君子之道在消亡。

《象传》说:"天地不交,否",君子应该节俭养德、避开危难,不可以追求荣华谋取禄位。

笔 记

《否》卦与《泰》卦截然相反，天在上而地在下，这样就导致一个结果：天地之间没有变化，从而导致天地不交；天地不交，必然导致万物无从生长。引用到管理之中，则是居上位者与下属没有沟通和交流，一旦如此，必然导致组织上下观念不一，很难走到统一的路线上来。

一旦某个组织进入了《否》卦所象征的阶段，那么就几乎接近消亡了。小人主导一切，而贤能之人被隔离在外部，这样一来，又如何取得发展？但是事物发展的规律是不变的，那就是"否"到极致之后必然会转为"泰"，所谓"否极泰来"，所以这时君子应该采取退隐，通过节俭来养德，而不要为了荣华富贵而委屈求全。

行动指南

在企业管理不当之时，而主导者又不能够接受正确的、有益于企业发展的建议时，应该采取韬光养晦的方式，不断强化自身品德和能力，以等待时机为企业的发展作出贡献。

星期三
不乱群也

初六，拔茅茹，以其汇；贞吉，亨。

《象》曰："拔茅贞吉"，志在君也。

六二，包承，小人吉；大人否，亨。

《象》曰："大人否，亨"，不乱群也。

六三，包羞。

《象》曰："包羞"，位不当也。

【译文】

初六，拔取茅草，牵连着同类；守持正固可获吉祥，亨通。

《象传》说："拔茅贞吉"，心意是为了(九五之)君王。

六二，包容并且顺承，小人吉祥；大人否定此道，可获亨通。

《象传》说："大人否，亨"，不胡乱成群结党。

六三，包容(导致)羞耻。

《象传》说："包羞"，说明(六三)位置不当。

笔 记

《否》卦之中对君子提出了很高的要求，既要不断节俭以养德、避开危难，还要拒绝不适宜的荣华富贵，更重要的是保持正直、维持道义。所以，要做到三点：一，为组织的整体发展着想，而不是为个人私利考虑；二，不可与小人成群结党，不对上司阿谀奉承，保持独立、正确的见解；三，不可包容错误的行为，否则必定会使自身蒙羞。

行动指南

在管理不善之时，一定要保持自身正确、独立的见解，不可一味迎合上司错误的决定，同时不与小人们结党营私。

星期四

否极泰来

九四，有命无咎，畴离祉。

《象》曰："有命无咎"，志行也。

九五，休否，大人吉；其亡其亡，系于苞桑。

《象》曰："大人之吉"，位正当也。

上九，倾否；先否后喜。

《象》曰：否终则倾，何可长也！

【译文】

　　九四,奉行命令没有危害,众人依附而获得福祉。

　　《象传》说:"有命无咎",志向得以实行。

　　九五,终止闭塞,大人可获吉祥;想到要灭亡了,要灭亡了,就会像系在大桑树上一样(安然无恙)。

　　《象传》说:"大人之吉",因为位置正当。

　　上九,倾覆闭塞;先闭塞后喜悦。

　　《象传》说:闭塞到了极点必然导致倾覆,怎么可能会长久呢!

笔　记

　　六三已经到了小人气势的尽头,到了九四,一切开始好转,开始团结众人应对小人之道。九四近临九五,可以执行九五之命,所以说"志行也"。

　　九五,开始终止闭塞,使贤能之人获得机会发挥才华,故曰:"大人吉"。这里强调的是"否极泰来",当人们想到快要灭亡了,就会努力地改变现状,从而使情况逐渐好转,这也是历史发展的必然规律。

　　上九,作《易》者告诉我们无论处于多么糟糕的环境和状况之中,都不要担心,为什么?因为危难到了极点就会向顺利转变,没有永恒的灾难。我们要做的只是守持正固,以待时机。

行动指南

　　没有永远的挫折,也没有永远的失败,只要我们的信念不灭,信心永存,就一定能够渡过难关,获得新的辉煌。

星期五
类族辨物

　　《同人》:同人于野,亨,利涉大川,利君子贞。

　　《象》曰:"同人",柔得位得中而应乎乾,曰同人。同人,曰"同人于野,亨,利涉大川",乾行也。文明以健,中正而应,君子正也。唯君子为能通天下之志。

《象》曰:天与火,同人;君子以类族辨物。

> **【译文】**
>
> 　　《同人》卦:团结众人在原野,亨通,有利于渡过大河巨流,利于君子守持正固。
>
> 　　《彖传》说:"同人",柔顺者取得合宜适中的位置,并且与刚健者相互呼应,所以称做《同人》。《同人》卦说:"同人于野,亨,利涉大川",刚健者(的意愿)在施行。文明而又刚健,位置中正而又相互呼应,这是君子的正道。唯有君子能够通达天下人的心意。
>
> 　　《象传》说:天与火(相互亲和),象征同人;君子应该归类族群、分辨事物。

笔 记

　　《序卦》说:"物不可以终否,故受之以《同人》。"一直阻隔着是不行的,所以要团结他人,《同人》卦正是讲述如何团结人。有人一起相随,共同开创事业,自然亨通,并且可以征服很多大的困难,所谓"利涉大川",但是,一定要保持操守,不可违背正固。

　　《同人》卦也是一阴五阳,阴处六二之位,可谓得位,上可以配合九五,应该说上下交合,至为亨通。所以《彖传》将一切美好的语言都用在了《同人》卦:"文明以健,中正而应,君子正也"。并强调"唯君子为能通天下之志"。

　　但是,团结他人也要注意一些方式方法,既不可一概接纳,也不可拒人于门外,所以要"类族辨物",看清对象再进行团结。

行动指南

　　团结人时一定要注意分类,不可一概接纳,同时不可强求他人,而是要求同存异。

第三周

家业难兴

初九,同人于门,无咎。

《象》曰:出门同人,又谁咎也?

六二,同人于宗,吝。

《象》曰:"同人于宗",吝道也。

九三,伏戎于莽,升其高陵,三岁不兴。

《象》曰:"伏戎于莽",敌刚也;"三岁不兴",安行也?

【译文】

初九,在门口就可以团结他人,没有危害。

《象传》说:刚出门就可以团结他人,又有什么危害!

六二,在家族中团结他人,有所缺憾。

《象传》说:"同人于宗",这是一条有缺憾的路。

九三,在草丛中潜伏士兵,登上高地(频频观察),三年也不能发动进攻。

《象传》说:"伏戎于莽",敌人刚强;"三岁不兴",怎么能贸然行动?

笔 记

初九、六二都是讲如何团结他人,初九,一出门就能够有志同道合之人,应该说这是好事,所以无咎。六二,仅仅在家族中团结人,这有点类似于今天的家族企业,任用的中高层核心管理人员几乎全都是亲戚朋友,这样就必然导致眼界不远、胸怀不广,这正是很多家族企业难以兴盛的主要原因。作《易》者对此认识很深,所以说:"同人于宗,吝。"任何组织要发展就一定要团结家族之外的贤能之人,如果将眼光局限于自身的小圈子,必然无法促进组织迅速发展。

九三为下卦之终,阳在阳位,有争强好胜之意,可是"同人"应当顺合,不应强求,所以即便是"伏戎于莽"、"升其高陵",也只能落得个"三岁不兴"的结局。

行动指南

管理者必须拥有开放、广阔的胸怀,能够接纳外面的优秀人才,共同促进企业的发展。这对于中国的企业来说至关重要。目前很多企业都面临领导者更替的危机,如果不能够吸取《周易》中"同人于宗,吝"的告诫,可能会导致企业陷入困境。

星期二
先咷后笑

九四,乘其墉,弗克攻,吉。

《象》曰:"乘其墉",义弗克也;其"吉",则困而反则也。

九五,同人,先号咷,而后笑,大师克相遇。

《象》曰:同人之先,以中直也;大师相遇,言相克也。

上九,同人于郊,无悔。

《象》曰:"同人于郊",志未得也。

【译文】

九四,登上城墙,又自退而不再进攻,吉祥。

《象传》说:"乘其墉",不适宜进攻;它的吉祥是因为在违背道义时选择了返回。

九五,团结他人,先是痛哭而后欢笑,大军能够获取胜利并相遇。

《象传》说:团结他人先痛哭,说明九五居中位而行为正直;大军能够相遇,说明已经取得了胜利。

上九,团结他人于郊外,没有悔恨。

《象传》说:"同人于郊",志向没有获得。

笔 记

九四，阳居阴位，不适宜与他人争斗，加上阴位代表后退之意，所以九四能够及时改变观点，选择退让，如此一来可避免争斗，因而可获吉祥。

九五，阳在阳位，而且富有帝王之相，而且可以与六二同心相应，可谓吉祥。但是由于中间有九三、九四间隔，所以"先号咷"，直至克敌制胜之后才可以"笑"。

上九，"同人于郊"，已经远离现实，很难实现志愿了，正因为远离现实，可以避免争斗，所以没有悔恨。

行动指南

没有任何事情可以一帆风顺，在团结人才方面同样如此。因此，一定要保持刚正，不断提升自我的修养道德，最终必然可以获得杰出的人才。

星期三
遏恶扬善

《大有》：元亨。

《彖》曰："大有"，柔得尊位大中，而上下应之，曰大有。其德刚健而文明，应乎天而时行，是以元亨。

《象》曰：火在天上，"大有"；君子以遏恶扬善，顺天休命。

【译文】

《大有》卦：至为亨通。

《彖传》说："大有"，阴柔取得尊贵的位置大行中道，并且上下都呼应着它，所以称做"大有"。它的德行刚健而又文明，顺应天的规律而按时运行，所以至为亨通。

《象传》说：火在天上，"大有"；君子应该遏制邪恶、彰显善良，顺从天的规律休养生息。

笔　记

《序卦》说："与人同者,物必归焉,故受之以《大有》。"因为能够团结他人,所以获得了很多收获。但是,有了收获不能够处理得当,只会导致所获得的再次散落。《大有》卦正是告知我们如何处理所得的一切。

《大有》卦,一阴居于五位,五阳配合,"柔得尊位大中,而上下应之"。阴居阳位有一个好处,就是不会肆意发号施令,因为阴适宜以退为进,所以它恪守天道,崇尚无为而治,执法中庸,如此一来,必为"元亨"。

君子应该做什么呢? 很简单:"遏恶扬善"。遏制邪恶事物的产生,鼓励和肯定善行,同时顺应天意,不断休养生息,提升自我。

行动指南

所谓"打天下容易,守天下难",经过《同人》开创之后,必然大有收益,这时需要知晓如何守。《周易》告诉我们:守天下最重要的任务是遏恶扬善,将邪恶扼杀于摇篮之中,而不断宣扬善行善举,使得人们纷纷向善,从而构建和谐、稳定。

星期四
积中不败

初九,无交害,匪咎;艰则无咎。
《象》曰:"大有"初九,无交害也。
九二,大车以载,有攸往,无咎。
《象》曰:"大车以载",积中不败也。
九三,公用亨于天子,小人弗克。
《象》曰:"公用亨于天子",小人害也。

【译文】
初九,没有交往带来的危害,不是危害;牢记艰辛就没有危害。
《象传》说:"大有"初九,没有交往而引发的危害。

> 九二,用大车运载财富,有所前往,没有危害。
>
> 《象传》说:"大车以载",积累在正中不偏之处才不会败落。
>
> 九三,王公接受君王的款待,小人不能如此。
>
> 《象传》说:"公用亨于天子",小人如此必有危害。

笔 记

初九,身负两层意思:第一,虽然身处《大有》卦之初,但能够慎守静居,不滥交,所以能够无害;第二,尽管已经进入《大有》,但是切不可得意忘形,忘记当初的创业艰难,唯有牢记创业之艰辛,才能够避免危害。

九二,上应六五,至关重要的人,可谓任重而道远,所以一定要行为适宜,不偏不颇,执守中道,才可以不致败落。

九三,受到了六五的看待,说明取得了重要的业绩,或是将要被委以重任。如果是小人则必定会导致危害,无论是小人得志,还是委任小人,最终都会以危害告终。

行动指南

处于《大有》阶段,切不可忘记创业时的艰辛;同时,一定要恪守正道,促使企业稳定发展。

星期五
信以发志

九四,匪其尫,无咎。

《象》曰:"匪其尫无咎",明辨皙也。

六五,厥孚交如,威如,吉。

《象》曰:"厥孚交如",信以发志也;"威如之吉",易而无备也。

上九,自天佑之,吉,无不利。

《象》曰："大有"上吉,自天佑也。

【译文】

　　九四,不仗恃自身的强大,没有危害。

　　《象传》说:"匪其尫无咎",具备明辨事理、权衡得失的能力。

　　六五,以诚信交往上下,威严自显,吉祥。

　　《象传》说:"厥如交如",诚信足以引发人们的志向;"威如之吉",行为简易而使人无须防备。

　　上九,获得上天的佑助,吉祥,没有不利的。

　　《象传》说:"大有"的吉祥,是上天的佑助。

笔 记

　　《大有》不可恃强凌弱,很多企业一旦强大便想着如何击败对手,这是要不得的,任何行业的发展都是在竞争之中不断发展和强大的,应该在竞争中合作,共同促进行业的强大,从而促进自身的发展。九四透露的正是这一道理。

　　六五,一阴统领五阳,何以为之? 一个字:"信"。因为能够保持诚信,言出必行,所以能够获得大家真实的想法,了解大家的心意。这一点使我想到当下民营企业的领导人换代问题,如果继任领导者能力较差,但是能够保持诚信,同样可以维持企业稳定发展,正如六五所表述的一样。

　　上九,阳刚在上而下比六五,含有三项美德:一是守顺谦下;二是诚信待物;三是见贤思齐。一个人如果拥有这三项美德,连老天都会佑助他,还有什么可担忧的!

行动指南

　　管理的根本就在于一个"信"字,有了"信",就有了下属的尊重,也就有了尊严,有了权限。可惜很多管理者遗忘了"信",常常言而无信,导致无人愿意配合和支持,最终使得企业陷入困境。

第四周

星期一

称物平施

《谦》:亨,君子有终。

《彖》曰:"谦",亨。天道下济而光明,地道卑而上行。天道亏盈而益谦,地道变盈而流谦,鬼神害盈而福谦,人道恶盈而好谦。谦尊而光,卑而不可逾:君子之终也。

《象》曰:地中有山,谦;君子以裒多益寡,称物平施。

【译文】

《谦》卦:亨通,君子能够获得好的结果。

《彖传》说:"谦",亨通。天道下降救助万物而光明,地道处于卑微而向上发展。天道亏损盈满而补益谦逊,地道改变盈满而流向谦逊,人道憎恨盈满而喜好谦逊。谦虚者处于尊位就会大放光明,处于卑位也没有人可以超越他:这就是君子的归宿。

《象传》说:山藏在地中,谦逊;君子应该减损多的,补充少的,衡量事物而公平给予。

笔 记

《谦》卦,下卦是艮,上卦是坤,象征山在地下,明明是高山却要藏于地下,可见是多么谦逊。

《谦》卦可谓至关重要,在人生得志之时,尤其应该关注此卦。正如《序》卦所说:"有大者不可以盈,故受之以《谦》。"到了《大有》,人们时常会暴露出骄傲自满的情绪,这是要不得的,因此,作《易》者劝告世人一定要懂得谦逊。

为什么要谦逊?因为无论是天道、地道还是人道,都是喜欢谦逊,而不喜欢骄傲自满。谦逊的人无论处于什么位置，都能够获得良好的结局和归宿。所以，《谦》卦说："君子有终。"

那么，我们应该从《谦》卦中学到什么呢？第一，自然是谦逊，这仅仅是表象。第二，减损盈满而补充亏损，并且衡量事物而公平给予，这才是《谦》卦真正的意义所在。

行动指南

作为管理者一定要懂得平衡，如果在企业内做不到则必定会导致人心不稳、效率不高，而平衡的关键便在于"称物平施"，公平、公正、公开地对待所有下属。

星期二
谦谦君子

初六，谦谦君子，用涉大川，吉。

《象》曰："谦谦君子"，卑以自牧也。

六二，鸣谦，贞吉。

《象》曰："鸣谦贞吉"，中心得也。

九三，劳谦，君子有终，吉。

《象》曰："劳谦君子"，万民服也。

【译文】

初六，谦逊有礼、品格端正的人，可以渡过大河巨流，吉祥。

《象传》说："谦谦君子"，以谦卑的态度进行自我管理。

六二，谦逊的名声外传，正固吉祥。

《象传》说："鸣谦贞吉"，中心纯正而赢得名声。

九三，有功劳而谦逊，君子有好的结局，吉祥。

《象传》说："劳谦君子"，广大的人民都认同他。

笔 记

初六，谦谦君子可以做好任何事，哪怕是渡过大河巨流这样的险恶之事，可见谦逊是非常重要的美德。但是谦逊是学不来的，只能依靠自己管理自己，所以说"卑以自牧"。

六二，谦逊的名声逐渐被外人所知，这样必定可以获得吉祥。同样，这也是因为自己的内心始终保持纯正。

九三，阳居阳位，而且居下卦之终，但是，《谦》卦九三却可以有功劳而不自伐，保持谦逊，这样的人自然可以获得万民的敬重了，所以说"万民服也"。

总之，这三爻都是强调了谦逊的益处，无论处于什么位置，谦逊都是非常重要的一种美德。

行动指南

始终保持谦虚，无论你处于什么样的位置，都将因此获得意想不到的收益。

星期三
无所不利

六四，无不利，㧑谦。

《象》曰："无不利㧑谦"，不违则也。

六五，不富以其邻，利用侵伐，无不利。

《象》曰："利用侵伐"，征不服也。

上六，鸣谦，利用行师、征邑国。

《象》曰："鸣谦"，志未得也；"可用行师"，征邑国也。

【译文】

六四，无所不利，发挥扩散谦逊的精神。

《象传》说："无不利㧑谦"，不违背谦逊的法则。

六五,不靠财富获得邻居的支持,适宜进行征战,没有不利的事。

《象传》说:"利用侵伐",征服不顺从的人。

上六,谦逊的名声在外,适宜行军讨伐邑国。

《象传》说:"鸣谦",志向尚未完全实现;"可用行师",征讨邑国。

笔 记

"满招损,谦受益"是至理名言,只要保持谦逊,就可以无往而不利,而且还可以不依靠财富获得他人的支持,在这一点上,只有诚信可以与之媲美。谦逊甚至比诚信更具备力量,因为可以发动战争,去征服那些不顺从的人。

从《谦》卦中可以得出一个结论:无论何时,无论何地,无论做什么样的事,只要能够始终恪守谦逊之道,就必定可以获得吉祥的结局。

行动指南

无论是处于管理者的位置,还是下属,都应该保持谦逊,同时努力地发挥谦逊的精神,从而赢得他人的尊重和青睐。

星期四
顺势而动

《豫》:利建侯行师。

《彖》曰:"豫",刚应而志行,顺以动,豫。豫,顺以动,故天地如之,而况建侯行师乎? 天地以顺动,故日月不过,而四时不忒;圣人以顺动,则刑罚清而民服。豫之时义大矣哉。

《象》曰:雷出地奋,豫;先王以作乐崇德,殷荐之上帝,以配祖考。

【译文】

《豫》卦:适宜建立诸侯、出师征讨。

《象传》说:"豫",刚健者得到呼应而使志向可以实现,顺势而行动,这就是

《豫》。《豫》，顺势而行动，所以天地也会如其所愿，何况建立诸侯、出师征讨！天地顺着时势而运动，所以日月运行不会失误，四时的次序不会混乱；圣人顺势而动，就会做到刑罚清明而人民顺从。《豫》卦依时而行的意义是多么宏大啊。

《象传》说：雷声发出，大地振奋，《豫》；先代君王制作音乐赞颂功德，通过隆重的祭祀奉献给上帝，并连带向祖先祭祀。

笔 记

《豫》卦，象征快乐之意。《序卦》说："有大而能谦必豫，故受之以《豫》。"《大有》与《谦》之后，必定是象征愉悦的《豫》卦。《豫》卦不但有愉悦之意，还有居安思危之意。

卦辞说："利建侯行师"，是指在欢乐之时，适宜建立诸侯、征讨不顺之民。因为在《大有》与《谦》之后，君王获得了广泛的支持，到了能够实现志向的时候了，这时采取任何行动都可以取得成果，因为《豫》是顺势而动，是契合天地之道，正所谓"先天而天不违，后天而奉天时"。一切行动都能够符合天地之道。

行动指南

一切行动都顺应天地之道，都符合仁义道德，就会取得成功。反之，一旦违背了道义，就必然会遭遇挫折和失败。

星期五
不可得意忘形

初六，鸣豫，凶。

《象》曰：初六"鸣豫"，志穷凶也。

六二，介于石，不终日，贞吉。

《象》曰："不终日贞吉"，以中正也。

六三，盱豫悔；迟有悔。

《象》曰："盱豫有悔",位不当也。

【译文】

初六,沉湎于欢乐而为外人所知,有凶险。

《象传》说:初六"鸣豫",志向到了极点导致凶祸。

六二,耿介如坚石,不需要整整一天,守持正固可获吉祥。

《象传》说:"不终日贞吉",因为居中持正。

六三,取悦上位欢乐而导致悔恨;反省过迟必有悔恨。

《象传》说:"盱豫有悔",说明位置不当。

笔 记

初六,阴居阳位,沉湎于快乐而得意忘形,从而为外人所知,如此一来,必有凶险。初六一爻值得我们深思:谦逊的声名在外可获吉祥,但是沉溺于欢乐的名声在外则会导致凶险。可是很多人只是获得一些微不足道的成绩便开始自鸣得意,甚至忘乎所以,这样一来,必然导致他人的反感和背离,距离凶险也就不远了。

六二,持正如坚石,任凭外界如何变化也纹丝不动,这样的人自然会获得吉祥。

六三,为了获得欢乐而取悦于上司,这种行为是要不得的,应该及时悔悟改正,如果不能够及时改正,最终必然导致悔恨。

行动指南

在取得成绩之后,应该保持谦逊随和的态度,切不可自鸣得意,引火上身。

四月

待善以诚

欢乐不易

九四，由豫，大有得；勿疑，朋盍簪。

《象》曰："由豫大有得"，志大行也。

六五，贞疾，恒不死。

《象》曰：六五"贞疾"，乘刚也；"恒不死"，中未亡也。

上六，冥豫成，有渝，无咎。

《象》曰："冥豫"在上，何可长也？

【译文】

九四，人们由此获得快乐，大有收获；不用怀疑，朋友们都将前来聚合。

《象传》说："由豫大有得"，说明九四的志向得到充分实行。

六五，守持正固以防疾病，必将长久不会死亡。

《象传》说：六五"贞疾"，因为（阴处阳位）并凌驾于刚爻（九四）之上。"恒不死"，守持中道不会导致败亡。

上六，已形成昏黑纵东的恶果，及早改变，则没有危害。

《象传》说："冥豫"占据上位，这种欢乐如何能够长久呢？

笔 记

读完《豫》卦，有一个深刻的感触：欢乐不易。即便是唯一欢乐的九四也是承担着重大的责任——建候行军，而且由于不在正位而心内有所猜疑，所以爻辞说"勿疑"。

六五虽处正位，但因以阴处阳位，终日惶恐不安，必须守持正固以防疾病，但也正因如此，才能够"恒不死"。

上六可谓昏庸无为却沉湎于欢乐之中,如何能够避免危害呢?出路只有一个:及时改变。否则,危害必至。

行动指南

真正的欢乐只有一种,那就是在创造业绩之中获得的快乐。无论是躺在功劳簿上的欢乐,还是因为获得某个重要职务的欢乐都是暂时的,如果不能够及时反省,可能会导致危害。

星期二
随时而动

《随》:元亨,利贞;无咎。

《彖》曰:"随",刚来而下柔,动而说。"随",大亨,贞无咎,而天下随时。随时之义大矣哉!

《象》曰:泽中有雷,随;君子以向晦入宴息。

【译文】

《随》卦:至为亨通,适宜守持正固;这样才会没有危害。

《彖传》说:"随",刚健者前来谦居阴柔者之下,有所行动必然使人愉悦而物相随从。"随",大为亨通,守持正固必定无咎,天下万物都顺应时势而运行。随着时势的意义真是宏大啊!

《象传》说:湖泽中响着雷声,象征"随";君子应该顺应时势,按时休息。

笔 记

"随",《说文》:"从也",即跟随之意。《序卦》说:"《豫》必有随,故受之以《随》。"意思是使人愉悦则必定有人跟随。但是,如果仅仅从有人跟随来看待《随》卦必定会犯以偏概全的错误。

《随》卦至少还包含着两层意思:一,含有"随时"之意,即顺应天时,根据外界的时机和条件确定行动与否;二,如何跟随他人。程颐对此分析颇为透彻:"凡人君之从善,臣下之奉命,学者之徙义,临事而从长,皆'随'也。"

《象传》中强调了刚健者甘居阴柔之下,可谓上能就下、贵能就贱,一旦如此,必定可以赢得人心,获得大众的追随。《象传》则从最根本的顺时而动说明了《随》卦的主旨:"君子以向晦入宴息"。正所谓"日出而作,日落而息"。

行动指南

做任何事情都要根据外界的时机和条件,做到随时而动,从而避免不必要的损失。

星期三
不可兼得

初九,官有渝,贞吉;出门交有功。

《象》曰:"官有渝",从正吉也;"出门交有功",不失也。

六二,系小子,失丈夫。

《象》曰:"系小子",弗兼与也。

六三,系丈夫,失小子;随有求得,利居贞。

《象》曰:"系丈夫",志舍下也。

【译文】

初九,观念随时改变,守持正固可获吉祥;出门与人交往会有收获。

《象传》说:"官有渝",随从正道吉祥;"出门交有功",行为没有过失。

六二,跟随小子,失去阳刚丈夫。

《象传》说:"系小子",不能够兼得。

六三,跟随阳刚丈夫,失去在下小子;随从有所请求都可得到,适宜守住正固。

《象传》说:"系丈夫",心意是舍弃下位者(初九)。

"官有渝"中,"官"为人的思想主宰,便是"观念";"渝",乃变化。初九的意思是根据外界的变化而不断调整思想观念,这样一来,自然不会陷入困境,当然,前提条件是一定要守持正固,恪守正道。

六二、六三两爻一个失丈夫、一个失小子,传达的道理是一致的:丈夫与小子不可兼得。一旦确定要跟随谁,需要果断决定,而不可优柔寡断、顾此失彼,否则必定会留下悔恨。结合当下的企业管理,则反映了一种战略思维,即经营方向的定位,很多企业希望从事多元化经营。可是多元化经营的结果往往是使人力、资金等资源分散,难以产生合力,也很难与专一的竞争对手展开竞争,最终遭遇失败。

行动指南

明确企业的定位,将一切资源全都集中在同一个方向,发挥聚焦的力量,在市场中赢得胜利。

星期四
待善以诚

九四,随有获,贞凶;有孚在道,以明,何咎?

《象》曰:"随有获",其义凶也;"有孚在道",明功也。

九五,孚于嘉,吉。

《象》曰:"孚于嘉吉",位正中也。

上六,拘系之,乃从,维之;王用亨于西山。

《象》曰:"拘系之",上穷也。

【译文】

九四,跟随有所收获,守持正固以防凶险;只要为人恪守诚信,行为符合道义,立身光明磊落,又有什么危害!

《象传》说:"随有获",理当遇到凶祸;"有孚在道",这是光明磊落的功劳。

九五,对美善者保持诚信,吉祥。

《象传》说:"孚于嘉吉",(九五)位置正中不偏。

上六,拘禁强令服从才跟随,再将其捆紧;君王在西山祭祀。

《象传》说:"拘系之",因为向上走到了尽头。

笔 记

九四,原本是有危害的,却因为能够恪守诚信,行为遵循道义,并且光明磊落而避免伤害,《随》卦再次证实恪守正道的价值和意义。

九五,位于至高君王之位,这时应该随从何人?《随》卦告诉我们应该随从美善之人。这与孔子的观念是一致的:"举善错诸枉",以诚从善,选举贤良之人,必定使得美善、贤能之人纷纷相随,如此一来,还能不吉祥吗!

到了上六,情况非常糟糕,没人跟随,而去强求,这样即便是他人表面上表示跟随,内心必然不服,结果将是背叛。

行动指南

管理者应该对品德出色、能力出众的下属给予更多关注,这样就可以激发下属的工作责任心和积极性,同时可以吸引更多的贤能人才加入。

星期五
振民育德

《蛊》:元亨,利涉大川;先甲三日,后甲三日。

《彖》曰:"蛊",刚上而柔下,巽而止,"蛊"。"蛊",元亨而天下治也。"利涉大川",往有事也。"先甲三日,后甲三日",终则有始,天行也。

《象》曰:山下有风,"蛊";君子以振民育德。

【译文】

《蛊》卦：至为亨通，适宜渡过大河巨流；应当预先思虑象征"终始转化"的"甲"日前三天的事状，然后推求"甲"日后三天的治理措施。

《彖传》说："蛊"，刚健者在上而阴柔者在下，和顺而停止，"蛊"。"蛊"，至为亨通而使天下治理良好。"利涉大川"，前往有所作为。"先甲三日，后甲三日"，结束意味着新的开始，这是天体运行的法则。

《象传》说：山下有风吹过，"蛊"；君子应该振济人民，培育道德。

笔　记

"蛊"，象征整顿调整。《序卦》说："以喜《随》人者必有事，故受之以《蛊》。"事情发生之后，需要调整、修正，《蛊》卦讲述的正是修正之道。

"先甲三日，后甲三日"颇为令人费解，作《易》者利用"甲"表示开始之意，在开始之前要除旧，即所谓除旧迎新；在开始之后则要布新，所谓颁布新令。这正是《蛊》所谓的整顿和修正。

"君子以振民育德"，此句话的意思是在拯弊治乱时期，一定要使人民振作，否则无人支持，同时因为大多数弊端的产生通常是因为失德而引发的，所以要强化道德建设。这对于拯救没落企业的经理人来说同样有效，郭士纳在拯救蓝色巨人 IBM 公司时采取的正是这一策略，首先恢复人们的信心，然后强化内部的制度建设，恢复正常的经营状态。

行动指南

在遭遇危机和陷入困境时，一定要注意激发员工的工作热情和责任心，同时强化企业的制度管理，尤其是管理阶层的品德建设。

第二周

星期一
子承父业

初六,干父之蛊,有子考,无咎,厉终吉。

《象》曰:"干父之蛊",意承考也。

九二,干母之蛊,不可贞。

《象》曰:"干母之蛊",得中道也。

九三,干父之蛊,小有悔,无大咎。

《象》曰:"干父之蛊",终无咎也。

【译文】

初六,修正父辈留下的弊端,儿子能够成就事业,必无咎害,即使危险最终也可获得吉祥。

《象传》说:"干父之蛊",意愿在于继承前辈的成就。

九二,修正母亲留下的弊端,时机不到时要守持正固。

《象传》说:"干母之蛊",符合居中之道。

九三,修正父辈留下的弊端,小有悔恨,但最终没有什么大的危害。

《象传》说:"干父之蛊",最终没有危害。

笔　记

"蛊"是修正、整顿,为什么要修正、整顿?必定是前人留下了一些弊端,修正弊端必定要顺应时机,时机不到而强行采取行动必然会遭遇危害。但是由于继任者是为了使企业得以更快更稳健的发展,其用意是正确的,所以即使是遇到一些困难,也会顺利度过。

修正上任或是长期以来积累下来的弊端时,一定要考虑到时机和条件,否则,有好的愿望也会遭遇一定的挫折。

星期二

及时除弊

六四,裕父之蛊,往见吝。

《象》曰:"裕父之蛊",往未得也。

六五,干父之蛊,用誉。

《象》曰:"干父用誉",承以德也。

上九,不事王侯,高尚其事。

《象》曰:"不事王侯",志可则也。

【译文】

六四,容忍父辈留下的弊端,继续下去一定会遭遇危害。

《象传》说:"裕父之蛊",继续下去可能无法修正。

六五,修正父辈留下的弊端,备受赞誉。

《象传》说:"干父用誉",用美德传承先业。

上九,不从事王侯的事业,把自己逍遥物外的行为看得至高天上。

《象传》说:"不事王侯",心意值得效仿。

笔　记

六四,阴处阴位,所以相对柔弱,对于上任留下的弊端不敢清除,这样的举动无疑是姑息养奸,最终积恶难返,造成严重后果。等待逼不得已时再采取措施已经为时太晚。所以,对待前任遗留下来的问题一定要及时修正,不要给问题留下发展和扩大的空间。

六五,尽管阴处阳位,但是能够果断修正上任留下的弊端,所以赢得了良好的声誉。

上九,类似于隐士,但又并非真正的隐士,因为这是修正的时机,他是在等待机会,施展抱负。这样的举动无疑是顺时而动,值得学习和效仿。

行动指南

对于上任留下的问题应该及时采取措施进行修正和清理,以免问题越来越严重,最终无法抑制,造成更大的危害。

星期三
教思无穷

《临》:元亨,利贞。至于八月有凶。

《彖》曰:"临",刚浸而长,说而顺,刚中而应。大亨以正,天之道也;"至于八月有凶",消不久也。

《象》曰:泽上有地,"临";君子以教思无穷,容保民无疆。

【译文】

《临》卦:至为亨通,利于适宜正固,但是到了八月将有凶险。

《彖传》说:"临",刚健者渐渐发展生长,喜悦而柔顺,刚健者居中位而有呼应。大为亨通又能守持正道,这是天的运行法则;"至于八月有凶",消退之期不久即将到来。

《象传》说:湖泽上有大地,"临";君子应该教导人民并且勤于思考而永不倦怠,包容百姓而无止境。

笔 记

"临"乃壮大之意,有了前面《蛊》卦的修正,必将获得发展,所以《序卦》说:"有事而后可大,故受之以《临》,临者,大也。"同时,"临"还有"监视临察"之义,

《说文》"临,监也"、《尔雅·释诂》"临,视也"都是此义。

"至于八月有凶",作《易》者以时令为喻,以提醒世人及早提防。《礼记·月令》评述仲秋之月云:"是月也,杀气浸盛,阳气日衰。"所以说"八月有凶"。

要发展壮大,首先要使人民安居乐业,各司其职,同时为了发展要不停思索,寻找更好的策略和方法。所以,《象传》说:"君子应该教导人们,不断思索而不知倦怠。"现今,管理界流行一个新的概念——教练型领导表达的正是这一理念。管理者不但能够制定战略与管理制度,还要能够以身作则,辅导下属。

行动指南

在企业发展壮大时期,要注重对内部员工的辅导和培养,使得员工能够跟上企业发展的步伐,从而促进企业取得更快发展。

星期四
自行监视

初九,咸临,贞吉。

《象》曰:"咸临贞吉",志行正也。

九二,咸临,吉,无不利。

《象》曰:"咸临吉无不利",未顺命也。

六三,甘临,无攸利;既忧之,无咎。

《象》曰:"甘临",位不当也;"既忧之",咎不长也。

【译文】

初九,感应上位(六四)而施行监视,守持正固可获吉祥。

《象传》说:"咸临贞吉",心志行为端正不阿。

九二,感应上位(六五)而施行监视,吉祥,没有不利之处。

《象传》说:"咸临吉无不利",并非顺从命令。

六三,靠花言巧语施行监视,没有什么利益;既然已经有所担忧,(及时改正)

就没有危害。

《象传》说:"甘临",位置不当;"既忧之",危害不会长久。

笔 记

"临",监视之意。初九,因为下位能感应到上位的要求,实行监视,只要不违背道义,恪守正固就没有危害,还能够获得上司的赞扬。九二同样如此。这里有一个句子值得注意:"未顺命也。"未顺命还能够吉祥并且无不利,这有些令人难解。但是结合现实来看,就不费解了。因为任何上司都希望自己的下属积极主动,能够自动自发地处理自身的工作和任务。而初九与九二都是因为感应到上司的需要而自行施行监视的,自然会获得上司青睐,从而能够获得吉祥。

六三,靠花言巧语施行监督,自然行不通,《论语》中云:"巧言令色者,鲜矣仁。"花言巧语的人,很少是有仁心的,所以无法长久。上司通常胸怀广阔而懂得宽容,一旦六三能够及时醒悟改正方法,还是能够确保无咎的。

行动指南

作为上司,对于那些主动进行监督的下属要进行奖励。这种主人翁的责任感对于企业的稳定和发展极其重要,而且一旦得到鼓舞和肯定,往往很容易在企业内形成公众监督体制,从而提升整个企业的经营效率。

星期五
君临天下

六四,至临,无咎。

《象》曰:"至临无咎",位当也。

六五,知临,大君之宜,吉。

《象》曰:"大君之宜",行中之谓也。

上六,敦临,吉,无咎。

《象》曰:"敦临之吉",志在内也。

【译文】

六四,极为亲切的监视,没有危害。

《象传》说:"至临无咎",位置正当。

六五,依靠智慧施行监视,君主适宜这样,吉祥。

《象传》说:"大君之宜",行为恪守中道。

上六,温柔敦厚地施行监视,吉祥,没有危害。

《象传》说:"敦临之吉",心系内部人员。

笔 记

六四,与下属保持亲切,证明六四可以居上亲下,与下属们打成一片,这样的监视无异于帮助和辅导,所以没有危害。

六五之"临"无异于"君临天下",君王依靠智慧监视天下,这里的智慧自然包括品德、道义与天地之道。《象传》说得好:"行中之谓也。"行为符合中庸之道,也就是大君具备与天地相同的智慧,可以做到"先天而天不违,后天而顺天时",如此一来,自然吉祥无疑。

上六,尽管已经走到了极点,但是由于能够温柔敦厚,所以仍然可获吉祥而没有危害。

行动指南

监督下属是必要的,但是一定要注重以下三点:一是与下属多多进行沟通,并保持亲切感;二是按照公平、公正、公开的方式进行监督;三是始终保持温柔敦厚,让下属们感觉到时刻被关注。

第三周

省方观民

《观》：盥而不荐，有孚颙若。

《彖》曰：大观在上，顺而巽，中正以观天下，观。"盥而不荐，有孚颙若"，下观而化也。观天之神道，而四时不忒；圣人以神道设教，而天下服矣。

《象》曰：风行地上，观；先王以省方观民设教。

【译文】

《观》卦：祭祀开始时将双手洗净，还未到进献祭品的时候，心中的虔诚已经庄严地表现出来。

《彖传》说：宏大的德行展示在上位，温和而顺利，能够居中守正观察天下，"观"。"盥而不荐，有孚颙若"，下属通过仰观而受到教化。观察天体运行之道，就可以知道四季运行没有偏差；圣人以天地之道教化天下之人，天下万民纷纷顺服。

《象传》说：风吹行在地面上，"观"；先王巡视四方、观察民情、设布教化。

笔 记

"观"具有两层含义：一为观察，自上而下，居上位者对下位的观察；二为仰观，自下而上，居下位者仰视上位，要做到这一点，上位之人必须品德出色，行为举止符合天道，所谓"王者道德之美而可观者也"。

观察往往可以见微知著，从一个小的细节可以推断出全部，如卦辞所说："盥而不荐，有孚颙若。"正所谓"从一粒沙看世界"。

要使百姓仰观，必然要具备中正之道。仰观不仅仅是观看而已，还需要对万民进行教化和指导，"下观而化"，所以一定要展示美好的、贤善的一面，从而使人们崇尚美德，甘心顺服。

行动指南

省方观民放到今天来看便是领导者要注重收集各类信息、了解下属的工作情绪和状态，有针对性地提供指导和激励，使他们能更加投入地置身于工作之中。

星期二

观后定进退

初六，童观，小人无咎，君子吝。

《象》曰：初六"童观"，小人道也。

六二，窥观，利女贞。

《象》曰："窥观女贞"，亦可丑也。

六三，观我生，进退。

《象》曰："观我生进退"，未失道也。

【译文】

初六，像孩童一样仰观，小人没有危害，君子有危害。

《象传》说：初六"童观"，是小人的肤浅之道。

六二，暗中偷偷地观察，适宜女子守持正固。

《象传》说："窥观女贞"，君子如此是羞耻的。

六三，仰观之后对比自身的言行，再决定进退。

《象传》说："观我生进退"，没有背离正道。

笔 记

初六，距离九五最远，而且是阴处阳位，犹如淳朴百姓，像孩童一样看待问题。"小人无咎"，小人便是平民百姓，他们对国家的政治不是很了解，所以"童观"而"无咎"。但是君子如果也如此，则会遭受厄运和灾难。

六二，偷偷地观察绝非君子所为，君子应该坦荡荡，所以说只适合女子，一旦君子如此,则是羞耻行为。

六三最好,在看到上位的美德之后,立即与自己对比,并以此决定人生进退。这与孔子所说的"见贤思齐"可谓旨趣相同。

行动指南

在企业中生存,首先应该找到一个合适的榜样,然后不时对比,不断改进自身,最终一定可以获得顺利的职业生涯发展。

星期三
自观其道

六四,观国之光,利用宾于王。

《象》曰:"观国之光",尚宾也。

九五,观我生,君子无咎。

《象》曰:"观我生",观民也。

上九,观其生,君子无咎。

《象》曰:"观其生",志未平也。

【译文】

六四,仰观国家治理的光辉景象,适宜成为君王的贵宾。

《象传》说:"观国之光",说明君王礼尚宾客。

九五,受人仰观并且省察自身,君子必无咎害。

《象传》说:"观我生",即是观察人民百姓。

上九,人们观察他的行为,君子必无咎害。

《象传》说:"观其生",志向没有得到完全实施。

笔 记

一个国家举行观光礼仪,无非有两个目的:一是显示国家的实力;二是吸引人才,所以这时贤能之人应该遵循"利见大人"之法则,成为君王的宾客,或许能够得到赏识,得以施展才华。

九五,乃君王之身,不但受人仰观,更重要的是必须时刻自省,而不至于犯下错误。当然,对于君王来说观察自我就是观察人民,自我的修养决定着人民的生活状况。时刻自省的君王领导下的人民自然会安居乐业,所以说"无咎"。

上九,人们观察他的行为,但是志向没有得到完全实施。说明做到完美非常不易,而要做到以自身的行为教化百姓更是难上加难。看来做到圣人之志("下观而化,天下皆为君子")绝非易事。

行动指南

作为领导者,应该不时地观察自我,反省自己,从中找到自身的不足之处,及时进行改正。

星期四
明罚敕法

《噬嗑》:亨,利用狱。

《彖》曰:颐中有物,曰噬嗑。噬嗑而亨,刚柔分,动而明,雷电合而章。柔得中而上行,虽不当位,利用狱也。

《象》曰:雷电,"噬嗑";先王以明罚敕法。

【译文】

《噬嗑》卦:亨通,利于施用刑法。

《彖传》说:口腔中有食物,称做"噬嗑"。"噬嗑"的亨通,是刚健者与阴柔者分开,然后交相运动就可见到光明,就像雷电交合而发出光亮。阴柔者得中位并且能够努力向上,虽然位置(阴处阳位)不恰当,但利于施用刑法。

《象传》说:雷电交击,"噬嗑";先代君王因此严明刑罚、肃正法令。

笔 记

"噬嗑",啮合之义。《序卦》说:"可观而后有所合,故受之以《噬嗑》。嗑者,合也。"施行教化之后取得可观的成就,必然导致民心相合。那么,《噬嗑》与"明罚敕法"有什么联系呢? 孔子在《杂卦》中提供了答案:"噬嗑,食也。"食必用牙咬和,故为啮合。《噬嗑》一卦的目的是为了使民心相合,要使民心相合,必须具备一个前提条件:正确施行刑法。正如进食必须以牙咬碎一般。

《噬嗑》卦有一个特征:六二、六五皆是以阴居中,而且上下呼应,阴柔居中不宜施行强健,而是应该采取以柔克刚之措施,而严明刑罚、肃正法令无疑是最佳选择之一。这与老子所提出的无为而治类似:当人们遵循共同的法律和规则时,管理是多余的。

行动指南

当企业取得发展之后,必定要进一步凝聚人心,强化团队荣誉感,这时最为忌讳的是赏罚不明。因此,领导者在这时首先要明确赏罚政策,奖赏分明,从而使能者上庸者下,并由此强化企业的凝聚力。

星期五
小惩大诫

初九,屦校灭趾,无咎。

《象》曰:"屦校灭趾",不行也。

六二,噬肤,灭鼻,无咎。

《象》曰:"噬肤灭鼻",乘刚也。

六三,噬昔肉,遇毒;小吝,无咎。

《象》曰:"遇毒",位不当也。

【译文】
　初九,戴上脚锁,伤着脚趾,没有危害。

《象传》说:"屦校灭趾",(初九)不至于继续前行。

六二,咬啮皮肤,伤着鼻子,没有危害。

《象传》说:"噬肤灭鼻",六二在阳刚(初九)之上。

六三,咬啮腊肉,遇到毒害;小有困难,没有危害。

《象传》说:"遇毒",六三所处的位置不当。

笔 记

《噬嗑》卦的下卦三爻几乎爻爻受到伤害,幸运的是最终都没有大的危害。为什么? 因为及时悔悟,改变行为。这一点孔子在《系辞下传》中说得非常清楚:"小人不耻不仁,不畏不义,不见利不劝,不威不惩。小惩而大诫,此小人之福也。《易》曰:'屦校灭趾,无咎',此之谓也。"因为能够从微小的惩罚(如灭趾、灭鼻、遇毒)上受到大的警示,所以能够及时调整自身的行为,所以"无咎"。

行动指南

任何小的困难或是危害都预示着有更大的危害潜伏着,因此,管理者应该见微知著,及时做好策略调整,以避免更严重的危害发生。

星期一
积恶必凶

九四,噬干肺,得金矢;利艰贞,吉。

《象》曰:"利艰贞吉",未光也。

六五,噬干肉,得黄金;贞厉,无咎。

《象》曰:"贞厉无咎",得当也。

上九,何校灭耳,凶。

《象》曰:"何校灭耳",聪不明也。

【译文】

　　九四,咬啮带骨的肉脯,得到金属箭头;利于在艰难中守持正固,吉祥。

　　《象传》说:"利艰贞吉",未能发扬光大。

　　六五,咬啮肉干,得到黄金;守持正固以防危险,没有危害。

　　《象传》说:"贞厉无咎",行为符合道义。

　　上九,肩扛着枷锁,伤着耳朵,有凶险。

　　《象传》说:"何校灭耳",(上九积恶不改)太不明智了。

笔　记

　　九四、六五,一个阳处阴位,一个阴处阳位,所以都不宜大张旗鼓地采取行动,而是要守持正固,一旦背离正道,则危险将至。

　　上九,本卦的核心,与初九对应,初九是小惩大诫,而上九则是积恶不返,最终遭遇凶险。这一点孔子也在《系辞下传》中作了说明:"善不积不足以成名,恶不积不足以灭身。小人以小善为无益而弗为也,以小恶为无伤而弗去也:故积恶而不可掩,罪大而不可解。《易》曰:'何校灭耳,凶。'"

行动指南

发现问题应该及时修正和调整,否则只会造成积重难返,最终遭遇凶险。古语说"千里之堤,溃于蚁穴",一个小的问题处理不慎将会导致一个企业的破灭。

星期二

明庶政

《贲》:亨,小利有攸往。

《彖》曰:"贲",亨,柔来而文刚,故"亨";分刚上而文柔,故"小利有攸往"。天文也;文明以止,人文也。观乎天文,以察时变;观乎人文,以化成天下。

《象》曰:山下有火,贲;君子以明庶政,无敢折狱。

【译文】

《贲》卦:亨通,柔小者适宜有所前往。

《彖传》说:"贲",亨通,柔顺者前来文饰刚健者,所以"亨";又分出刚健者上行文饰阴柔者,所以"小利有攸往"。这是天的文采;文明而止于礼义,这是人类的文采。观察天的文采,可以知晓季节转变的规律;观察人类的文采,可以推行教化天下万民。

《象传》说:山下燃烧着火焰,"贲";君子应该明察各项政务,不能违背文采而草率进行奖惩。

笔 记

《说文》:"贲,饰也。"《贲》卦喻示事物应该适当加以文饰。《序卦》说:"物不可以苟合而已,故受之以《贲》。"事物不可以勉强相合,应该加以文饰,使之相得益彰。

那么,如何确定文饰呢?作《易》者告诉我们:应该效法天道。依据天道确定人类之文采,然后再依此教化天下。《象传》说"君子以明庶政"意与此是相同的,只有认真贯彻各项政务的要求、标准和结果之后,才能够依照事实进行奖惩。

行动指南

实行奖惩,必须建立在一个以事实为依据的基础之上。任何脱离事实而妄加断论必定会造成不良的后果。

星期三

安步当车

初九,贲其趾,舍车而徒。

《象》曰:"舍车而徒",义弗乘也。

六二,贲其须。

《象》曰:"贲其须",与上兴也。

九三,贲如,濡如,永贞,吉。

《象》曰:"永贞之吉",终莫之陵也。

【译文】

初九,文饰脚趾,舍弃马车而甘于徒步行走。

《象传》说:"舍车而徒",道义上是不适宜乘车的。

六二,文饰胡须。

《象传》说:"贲其须",与上位一起行动。

九三,文饰得那样俊美,与人频频相施惠泽,永久守持正固,吉祥。

《象传》说:"永贞之吉",始终没有人能够凌驾(九三)之上。

笔 记

初九,有马车不乘而徒步行走,这是贤者的举动。所谓"贤者安步当车,终身不辱",而且"徒行为之生色",所以说"贲其趾"。初九表达的是君子应当懂得收敛,保持谨慎。

六二,因与九三一起行动,可谓"柔来文刚",尽管去做好了,无誉也无咎。

九三,很美好,但是不能因为美好便放弃正道,所以爻辞强调九三一定要"永贞",方能吉祥。

行动指南

如今的管理者大多不知收敛,时常流露出自得的神情,并且觉得自身与员工之间存在很大的差距,这种表现其实是要不得的,一旦脱离了基层,往往会导致企业的经营效率一落千丈。管理者应该从《周易》中学到"安步当车"的益处。

星期四
当进则进

六四,贲如,皤如,白马翰如;匪寇,婚媾。

《象》曰:六四当位,疑也;"匪寇婚媾",终无尤也。

六五,贲于丘园,束帛戋戋;吝,终吉。

《象》曰:六五之吉,有喜也。

上九,白贲,无咎。

《象》曰:"白贲无咎",上得志也。

【译文】

六四,文饰的样子,是那么素白,白色的马匹纯洁无瑕;前来的不是强寇,而是聘亲的佳偶。

《象传》说:六四以阴处阴位,所以说位置正当,但是仍然心存疑惑;"匪寇婚媾",说明最终没有担忧。

六五,以山丘园林为文饰,一束束丝帛飘动;有所遗憾,最终获得吉祥。

《象传》说:六五的吉祥,是因为有喜庆。

上九,素白无华的文饰,没有危害。

《象传》说:"白贲无咎",上九得以实现志向。

笔 记

六四令我深思良久,它的爻辞与《屯》卦六二极为相似:"屯如,邅如,乘马班如;匪寇,婚媾。"《屯》卦六二表现为艰难而不可急于行动,而《贲》卦六四却发出可以快速行动之意。为什么?因为《屯》卦六二是以下求上,所以不可以急于求成。而《贲》六四则是以上应下(初九),不可怠慢,所以《象传》说不必犹豫,而且一定会有所收获。这正是《周易》的根本旨意。作《易》者的目的正是为了让人们知道何时该进,何时该退,在改进时一定要顺势而进,否则时机失去,很难再次获得。

六五、上九二者都无咎,因为本质是相近的,六五以山丘园林,可谓自然之美,上九以素白为文饰,可谓朴素至极,二者正相切合,所以一为"有喜",一为"得志"。

行动指南

俗话说"机不可失,时不再来",说明机遇出现了一定要及时抓住,否则只会懊悔终身。对于企业经营来说,机遇更加重要,可惜很多管理者往往在机遇面前表现得愚笨不堪,不仅反应迟钝,而且行动缓慢,由此错过了企业发展的最佳时期。

星期五
闭门修德

《剥》:不利有攸往。

《彖》曰:"剥",剥也,柔变刚也。"不利有攸往",小人长也。顺而止之,观象也;君子尚消息盈虚,天行也。

《象》曰:山附于地,剥;上以厚下安宅。

【译文】

《剥》卦:不适宜有所前往。

《彖传》说:"剥",剥落之意,阴柔者要改变刚健者。"不利有攸往",小人的势

力在生长。顺着时势停止下来,是观察卦象的结果;君子重视消退、生长、满盈、亏虚的转换,这也是天体运行的规律。

《象传》说:山依附于地,"剥";居上者应该厚待下属,稳定根基。

笔　记

到了《剥》卦,又进入了一个盛极而衰的轮回,一切开始剥落。《序卦》说得好:"致饰,然后亨则尽矣,故受之以《剥》。剥者,剥也。"过分追求文饰,必定陷入铺张浪费,接着就开始剥落了。

《剥》卦一阳五阴,再向前推进就会成为全阴了,所以卦辞说"不利有攸往"。在《剥》卦中可谓小人得志,君子有所行动必获咎害。那么在这时,君子应该做什么呢?《象传》给出了答案"顺而止",顺势而止,当然这里的"止"并非什么都不干,而是强化自身的修养,也就是"闭门修德"。《象传》中"厚下安宅"也是这一意思,厚待下属以积蓄力量、稳定基础,等待时机成熟,东山再起。

行动指南

出色的经理人应该能够审时度势,知道在什么时候选择进,在什么时候选择退。一旦企业内小人得志,则应该懂得明哲保身,退而闭门修德,积蓄力量,以待时机。

道大行也

蔑贞必凶

初六,剥床以足,蔑贞,凶。

《象》曰:"剥床以足",以灭下也。

六二,剥床以辨,蔑贞,凶。

《象》曰:"剥床以辨",未有与也。

六三,剥之,无咎。

《象》曰:"剥之无咎",失上下也。

【译文】

　　初六,剥落大床先剥至床足,床足必致蚀减,失去正固,有凶险。

　　《象传》说:"剥床以足",是要消灭底部。

　　六二,剥落大床已经至床头,床头必致蚀减,失去正固,有凶险。

　　《象传》说:"剥床以辨",没有与之相应者。

　　六三,虽处剥落之时,却没有危害。

　　《象传》说:"剥之无咎",离开了上下群阴(而独应上九阳刚)。

笔　记

　　《剥》卦可谓惊心动魄,初六、六二皆为一个字:"凶"。为什么? 因为失去了根基,爻辞中表达得很清楚:"剥床以足"和"剥床以辨",失去了脚和腿,如何还能站立? 这几乎就等同于"蔑贞",相当于背离正道,不是凶又会是什么!

　　六三,阴处阳位而上应上九,所以剥落也不会造成大的危害。

　　《剥》卦告诉我们,在剥落开始之时,通常是因为管理者迷失正道而形成的,也就是前面所说的"文饰过重而铺张浪费",因此,一定要恪守正道,防止剥落产生。

行动指南

无论何时,恪守正道都是应对危难的最好方式,尤其是对于企业的管理者来说,只要不背离经营正道,就不会陷入衰退。

星期二
剥尽复来

六四,剥床以肤,凶。

《象》曰:"剥床以肤",切近灾也。

六五,贯鱼以宫人宠,无不利。

《象》曰:"以宫人宠",终无尤也。

上九,硕果不食,君子得舆,小人剥庐。

《象》曰:"君子得舆",民所载也;"小人剥庐",终不可用也。

【译文】

六四,剥落大床已剥至床面,有凶险。

《象传》说:"剥床以肤",已经接近灾难了。

六五,上下鱼贯而入以宫女的身份获得宠爱,无所不利。

《象传》说:"以宫人宠",最终没有担忧。

上九,硕大的果实没被摘食,君子摘取将能驱车济世,小人摘取则将拆除房屋。

《象传》说:"君子得舆",百姓因此有所仰庇;"小人剥庐",小人终究无法任用。

笔 记

六四,已经剥落至床面了,怎么会没有凶险!但是,六四也意味着一个新的开始:剥落到极点之后,转机自然也会来到,所以从六五开始,一切都会好转。

六五,因为能够依次获得宠幸,所以无所不利。上九为《剥》卦唯一的阳,独居卦终,这时小人道消、君子道长,可谓剥尽复来。这说明小人得志终究是一时的,无法持久永恒,君子应该蓄势待发,而不应与之同流合污。

行动指南

　　无论陷入什么样的困难都不要惊慌失措,因为无论任何困难总是存在解决的方法和策略,同时一旦陷入低谷,就意味着有好转的机会,就像经济发展趋势一样,当经济萧条到一定的极限之后必然会转入复苏之路。

星期三

反复其道

　　《复》:亨。出入无疾,朋来无咎;反复其道,七日来复。利有攸往。

　　《彖》曰:"复,亨",刚反;动而以顺行,是以"出入无疾,朋来无咎"。"反复其道,七日来复",天行也。"利有攸往",刚长也。复,其见天地之心乎!

　　《象》曰:雷在地中,复;先王以至日闭关,商旅不行,后不省方。

【译文】

　　《复》卦:亨通。外出入内都没有疾病,朋友前来没有危害;返转回复沿着一定的规律,七天回来重新开始。利于有所前往。

　　《彖传》说:"复,亨",刚健者逐渐返回;行动而且顺势而行,所以"出入无疾,朋来无咎"。"反复其道,七日来复",天体运行之道。"利有攸往",刚健者日益成长。回复,从中可以见到天地之道的用心吧!

　　《象传》说:雷声在大地中间发出,回复;先代君王在冬至之日闭关休养,商贾旅客不外出远行,君主也不巡视四方。

笔　记

　　"复",回复之意。《序》卦说:"物不可以终尽,《剥》穷上反下,故受之以《复》。"《剥》卦走到尽头,阳爻又须回到底部重新开始,于是出现了一阳复始的状态。与此同时,大地开始重新出现生机,故"亨"。

"反复其道"揭示了一个原理:事物的发展始终是有起有伏的,正如经济学中的经济波浪理论一样,经济的发展总是起伏交替的,同样,事物的发展也是如此。认识到了这一点,我们就可以在危难面前从容应对,并在成功面前保持冷静,这正是作《易》者希望我们能够拥有的处世之道。

行动指南

企业经营不可能一帆风顺,更不可能时时处于繁荣状态,企业经营者必须考虑到衰败的来临,从而及早做好准备。

星期四
及时返复

初九,不远复,无祇悔,元吉。

《象》曰:"不远之复",以修身也。

六二,休复,吉。

《象》曰:"休复之吉",以下仁也。

六三,频复,厉无咎。

《象》曰:"频复之厉",义无咎也。

【译文】

初九,起步不远就回复正道,没有到懊悔的程度,至为吉祥。

《象传》说:"不远之复",善于修养身心。

六二,停下来返回,吉祥。

《象传》说:"休复之吉",是为了向下亲近仁者。

六三,再三地返复,危险却没有伤害。

《象传》说:"频复之厉",道义上是没有伤害的。

笔　记

初九、六二都是吉祥，因为很快就意识到错误，及时地回到了正确的道路上来。《周易》始终在强调觉察到问题应该立即改正，否则就会导致积恶难返。

六三是意志不够坚定者，总是抱有患得患失的心态，所以再三返回，但是由于最终能够回复正道，所以没有危害。

行动指南

当领导者发现问题和错误时，应该及时指导企业成员回到符合企业发展的正确道路上来，否则只会使问题越积越大，最终无法解决。

星期五
迷复必凶

六四，中行独复。

《象》曰："中行独复"，以从道也。

六五，敦复，无悔。

《象》曰："敦复无悔"，中以自考也。

上六，迷复，凶，有灾眚。用行师，终有大败；以其国，君凶：至于十年不克征。

《象》曰："迷复之凶"，反君道也。

【译文】

六四，走在行列的中间而独自返回。

《象传》说："中行独复"，因为跟随正道。

六五，敦厚地返回，没有悔恨。

《象传》说："敦复无悔"，因为居中位而能够自我反省。

上六，迷入歧途不知返回，有凶险，有灾祸。倘若用兵打仗，必定会遭遇大败；倘若治理国政，必定导致君王凶险：十年之久也不能振兴发展。

《象传》说："迷复之凶"，违反君主之正道。

笔 记

六四,阴居阴位,其位得正,所以能够保持独立而返回。

六五,位居君王之位,而能保持敦厚诚恳,加之可以不断反省,自然可获无悔。

上六,情况不太理想,迷失而不知返回,如此必凶无疑。而且什么事都做不好,领军打仗要大败而归,治理国事,君王要遭殃,即使十年也无法恢复元气。这便是不思悔改的后果。

行动指南

一旦走上歧途而不思悔改,则必定将企业带上不归之路。领导者读到《复》卦一定要懂得反思,及时发现自身的问题和错误,并及时作出修正。

茂天时，育万物

《无妄》：元亨，利贞；其匪正有眚，不利有攸往。

《彖》曰："无妄"，刚自外来而为主于内，动而健，刚中而应；大亨以正，天之命也。"其匪正有眚，不利有攸往"；无妄之往，何之矣？天命不佑，行矣哉？

《象》曰：天下雷行，物与无妄；先王以茂对时，育万物。

【译文】

《无妄》卦：至为亨通，适宜守持正固；背离正道的人必有祸患，不利于有所前往。

《彖传》说："无妄"，刚健者从外部前来成为内部的主导者，行为充满活力，刚健者居中而有呼应；守持正固获得大为亨通，这是天命。"其匪正有眚，不利有攸往"：没有妄为而前往，能够去哪里呢？天命不保佑，又怎么能够行得通！

《象传》说：天下雷声阵阵，万物全都不妄为；先代帝王努力配合天时养育万物。

笔 记

"无妄"，无所妄为，也就是不可轻举妄动，如此一来，自然"不利有攸往"了。那么，为何不能够妄为？因为复归就不能妄为，一旦妄为复归就会变得毫无意义，所以《序卦》说："《复》则不妄矣，故受之以《无妄》。"

不妄为，那么就应该恪守正道、顺应天时而采取行动了，所以说"其匪正有眚"、"以茂对时，育万物"。《周易》告诉我们：《剥》尽《复》来并不意味着灾难已经过去，不能为一时的成就而得意，所以要遵循道义，不要擅自妄为，否则，前面的努力将化为乌有。领导者只能顺应天时，采取行动，使人民安居乐业。

行动指南

　　在变革刚刚取得细微的成就之后,决不可掉以轻心,而是应该小心翼翼,遵循企业发展之道,对下属进行持续不断的辅导,从而使他们能适应企业发展的要求。

星期二

飞来横祸

　　初九,无妄,往吉。

　　《象》曰:"无妄之往",得志也。

　　六二,不耕获,不菑畬,则利有攸往。

　　《象》曰:"不耕获",未富也。

　　六三,无妄之灾:或系之牛,行人之得,邑人之灾。

　　《象》曰:"行人得牛",邑人灾也。

【译文】

　　初九,不妄为,前往一定可以获得吉祥。

　　《象传》说:"无妄之往",实现了心愿。

　　六二,不耕种却有收获,不开垦却有良田,这样利于有所前往。

　　《象传》说:"不耕获",没有强求富贵。

　　六三,不妄为也有灾难:有人拴着一头牛,被过路人牵走,村里的人受到猜疑而遭殃。

　　《象传》说:"行人得牛",村里人遭殃。

笔 记

　　初九,处于开端,而且谦逊居下,没有妄想,所以"往"必获"吉"。同样,六二居中位,恪守正道,没有任何妄想,既不刻意耕种,也不刻意开垦,但是因为《复》卦打下的基础,常常可以不劳而获,真可谓"飞来横福"。

但是好景不长,有飞来横福则必有飞来横祸,到了六三,横祸来了。作《易》者为了使读者易懂,所以运用了一个比喻:一个人的牛在路边被人顺手牵走了,因为找不着真正的偷牛者,于是临近村里的人被认作小偷而遭殃。这里的"灾"并非是自找的,而是"无妄之灾",在这种情况之下,只有一个选择——恪守正道。所谓真理不辩自明,事实真相也是如此,最终"失牛者"自然会了解真相。

行动指南

在企业发展的过程中,同样会遇到"飞来横祸":或是因为同行的不道德经营而受牵连,或是因为经济环境的萧条而受到冲击。但是,对于经营者来说,应该始终恪守经营之道,由此必定可以顺利渡过难关。

星期三
无妄之药

九四,可贞,无咎。

《象》曰:"可贞无咎",固有之也。

九五,无妄之疾,勿药有喜。

《象》曰:"无妄之药",不可试也。

上九,无妄,行有眚,无攸利。

《象》曰:"无妄之行",穷之灾也。

> 【译文】
>
> 九四,能够守持正固,没有危害。
>
> 《象传》说:"可贞无咎",这是原本便具备的。
>
> 九五,不妄为也有小病痛,不用服药也可自行痊愈。
>
> 《象传》说:"无妄之药",不可随意尝试。
>
> 上九,虽不妄为,但采取行动会遭受灾难,没有任何好处。
>
> 《象传》说:"无妄之行",上九处于穷极之位的灾难。

笔 记

九四，似乎应对着六三的无妄之灾，只要守持正固，最终没有危害，因为原本就没有什么妄想妄为。

九五，处于君王之位，需要统领全局，但是在整体运行之中必定会遭遇一些无妄之疾，这些"疾病"通常会自行痊愈，而不需要采取什么过激的行动。这里说到了一个词——"无妄之药"，即治理无妄之疾的药物，《象传》说这类药不可以轻易试用。许多企业一遇到一些"无妄之疾"，便开始慌乱，四处咨询，寻求解决方案，可谓"病不急却乱投医"，最终原本可以自行解决的问题却因为无谓的治理而变成了真正的经营问题。

上九，可谓亢龙有悔，以阳刚之躯居九五之上，自然不可采取任何行动。最好的选择是保持不妄想不妄为，安度余生。

行动指南

作为经营者，我们必须有能力分辨哪些是无妄之疾，哪些是必须治理的经营问题，如果无原则地对一切问题都采取冒进的方式和措施，只会造成内部人心不稳，从而导致经营不善。

星期四
多识前言往行

《大畜》：利贞；不家食，吉；利涉大川。

《彖》曰：大畜，刚健笃实辉光，日新其德；刚上而尚贤，能止健，大正也。"不家食吉"，养贤也。"利涉大川"，应乎天也。

《象》曰：天在山中，大畜；君子以多识前言往行，以畜其德。

【译文】

《大蓄》卦：适宜守持正固；不在家中吃饭，吉；适宜涉越大河巨流。

> 《彖传》说："大蓄"，刚健淳厚而焕发光彩，品德日日更新；刚健者居上位并能够尚贤，能够规正刚健者，这是极大的正道。"不家食吉"，（居上位者）培养贤能之人。"利涉大川"，行动顺应天时。
>
> 《象传》说：天隐藏在山中，"大蓄"；君子应该广泛学习古人的言行，以培养自身的品德。

笔 记

"大蓄"，大有积蓄，"大"当然是相对的"大"，是针对《小蓄》的"小"而言的。《序卦》说："有《无妄》然后可蓄，故受之以《大蓄》。"无所妄为自然不会胡乱花费，由此必然有所蓄。既然有了积蓄，应该做什么呢？学习前人，提升道德。所以，《象传》说"君子以多识前言往行，以蓄其德"。

《大蓄》卦辞中还有一点值得注意："不家食，吉。"不在家里吃饭有什么吉利的呢？作《易》者的意思是因为君王尚贤，所以有贤能的人都可以吃到朝廷的俸禄，而不需要在家吃饭。贤能之人都得到应有的使用，自然会使国家吉祥。

行动指南

当企业获得快速发展，具备了很强的资金和人力实力时，领导者应该稳定企业发展，同时研究以往企业的成败案例，从中吸取经验教训，并且不断强化自身的品德提升。

星期五
有厉则止

初九，有厉，利已。

《象》曰："有厉利已"，不犯灾也。

九二，舆说輹。

《象》曰："舆说輹"，中无尤也。

九三,良马逐,利艰贞;曰闲舆卫,利有攸往。

《象》曰:"利有攸往",上合志也。

【译文】

初九,有危害,适宜停止不前。

《象传》说:"有厉利己",不要接触灾难。

九二,大车脱落了轮辐。

《象传》说:"舆脱辐",居中而没有担忧。

九三,骏马奔驰追逐,适宜在艰难中守持正固;每天练习驾车和防卫,适宜有所前往。

《象传》说:"利有攸往",与上位者志向吻合。

笔 记

初九,见到危害便选择止步不前,因为既然强行行动会遭到危害,那还不如退而观之,等到能力、资源和条件成熟之时再采取行动。可惜很多人往往无法理解"有厉则止"的内涵,喜欢冒险犯难,最终落得个粉身碎骨的下场。

九二,尽管遇到了一些小麻烦,但是因为位置居中、行为适宜而没有什么可以担忧的。

九三,因为与上九同为阳爻,原本不对应,但因在《大蓄》卦中,却可以阳德并盛,所以说"上合志也"。"良马逐"也是一个比喻,初九、九二、九三皆为阳爻,可谓群马相逐,竞争激烈,如此一来,必定会面对艰难局面,但是只要守持正固,最终九三一定能够脱颖而出。

行动指南

当进则进,当退则退,是《周易》反复强调的主旨之一。在明知前方有危难之时,领导者应该停下脚步,多参考以往企业的经营之道,以待时机成熟。

第三周

星期一
道大行也

六四,童牛之牯,元吉。

《象》曰:六四"元吉",有喜也。

六五,豮豕之牙,吉。

《象》曰:六五之吉,有庆也。

上九,何天之衢,亨。

《象》曰:"何天之衢",道大行也。

【译文】

六四,小牛头上绑上了横木,至为吉祥。

《象传》说:六四"元吉",有了喜悦之事。

六五,制约阉割过的猪的牙齿,吉祥。

《象传》说:六五之吉,有值得庆贺的事发生了。

上九,贤路畅通,正道可以得到充分实行了。

《象传》说:"何天之衢",天道能够畅行无阻啊。

笔 记

六四、六五都是吉祥。一个元吉,一个吉。两者的差别在于:六四是"童牛之牯",在没有长角的小牛头上装上了"牯",原本就没有伤害,如此一来就更无伤害了。自然不会遭遇任何灾难,故为"元吉"。而六五是"豮豕之牙",尽管经过阉割的猪不再具备凶性,但依然没有"童牛之牯"来得安全。

上九,可谓具备得天独厚的条件了,位于上天赐予的阳光大道上,还有什么事不可以做呢?所以在这时,应该将所有能够促进发展的规划都拿出来实施。当然,这也取决于前面的等待和积累。

行动指南

　　所谓"机会只垂青有准备的人",当机会来到时,我们应该毫不犹豫地抓住,并且将自身的规划和想法付诸实施。

星期二
自求口实

　　《颐》:贞吉;观颐,自求口实。
　　《彖》曰:"颐,贞吉",养正则吉也。"观颐",观其所养也;"自求口实",观其自养也。天地养万物,圣人养贤以及万民:颐之时大矣哉!
　　《象》曰:山下有雷,"颐";君子以慎言语,节饮食。

【译文】
　　《颐》卦:守持正固可获吉祥;观察各类颐养现象,应该用正道自己求取食物。
　　《彖传》说:"颐,贞吉",以正道休养生息就可以获得吉祥。"观颐",观看养育的条件和状况;"自求口实",观察自己养育自己的正确方式。天地养育万物,圣人养育贤能之人和天下万民;《颐》卦的顺时而动可谓宏大。
　　《象传》说:山下响动着雷声,"颐";君子应该言语谨慎以养德,饮食节制以养身。

笔　记

　　"颐",养育之意。《序卦》说:"物《畜》然后可养,故受之以《颐》,颐者,养也。"积蓄之后,就要养育,使事物继续向前发展,《颐》卦表达的正是养育事宜。卦辞中的"自求口实"引人注目,《彖传》中说"天地养万物,圣人养贤以及万民",那为什么还说是"自求口实"呢?
　　结合当下的企业来分析,没有企业就没有员工的工作和生存,这样看似乎是企业养员工,可事实却非如此。如果每一个员工都不负责任、无所事事,那么,企业将不复存在,最终大家都会失去生存的根本。所以,本质上每个人都是由自己养活的,每个人都是在为自己工作。天地提供的只是一个适合万物生长的条件和空间,同样圣人也只是创造一个贤人和万民生存的空间而已,每个人还需要自己的努力付出才能够获得生存。

行动指南

"你在为谁工作?"这个问题值得每个人思考,答案永远都是不变的:"你在为自己工作。"每个人只能依靠自身的努力和付出获得收益,在管理完善的企业中绝对不会有寄生虫生存的空间。

星期三
恪守颐道

初九,舍尔灵龟,观我朵颐,凶。

《象》曰:"观我朵颐",亦不足贵也。

六二,颠颐,拂经,于丘颐,征凶。

《象》曰:六二"征凶",行失类也。

六三,拂颐;贞凶,十年勿用,无攸利。

《象》曰:"十年勿用",道大悖也。

【译文】

初九,舍弃你灵龟般的美好品质,观看我咀嚼进食,有凶险。

《象传》说:"观我朵颐",初九的求养行为没什么可贵之处。

六二,颠倒向下求获颐养,违背常理,向高处索取颐养,前行有凶险。

《象传》说:六二"征凶",前行会失去同类。

六三,违背颐养常理;守持正固以防凶险,在十年之久的时间内不可施展才能,如果施用将得不到任何利益。

《象传》说:"十年勿用",六三与正道大相违背。

笔　记

《颐》卦下卦三爻全都是"凶"，原因只有一个：违背了"颐"道。

初九，放弃自己灵龟般的美好品质去观看别人进食，这种行为可谓低劣，所以"不足贵"而至"凶"。

六二，不思自食其力，而是一会儿向下寻求颐养，一会儿向上寻求颐养，这完全违背了《颐》卦的"自求口实"原则，所以"凶"。

六三，违背了颐养的常理，最终导致十年时间内无法施展才华，幸好还可以通过守持正固防止凶险。

这三爻强调了卦辞中的"自求口实"，同时也告诉读《易》者，无论处于什么位置，都只能依靠自己的力量寻求颐养，依靠他人只会导致凶险。

行动指南

自食其力、自力更生是一种传统美德，如今很多企业的员工将命运交托给企业、给领导者，这种观念是极其错误的。每个人都应该对自身负责，对自己的未来和生活负责。对自身负责的人才可以成为对企业负责的优秀员工。

星期四
颠颐之吉

六四，颠颐，吉；虎眈眈，其欲逐逐，无咎。

《象》曰："颠颐之吉"，上施光也。

六五，拂经；居贞吉，不可涉大川。

《象》曰："居贞之吉"，顺以从上也。

上九，由颐；厉吉，利涉大川。

《象》曰："由颐厉吉"，大有庆也。

【译文】

六四，以颠倒向下求取颐养的方式来颐养他人，吉祥；就像老虎一般眈眈注视，欲望连接而来，没有灾难。

《象传》说"颠颐之吉",居上位者广施恩惠。

六五,违背颐养常理;守持正固可获吉祥,不可以穿越大河巨流。

《象传》说:"居贞之吉",顺从而跟随上位者。

上九,天地依赖他获得颐养;知晓危害而谨慎行事可获吉祥,适宜穿越大河巨流。

《象传》说:"由颐厉吉",非常值得庆幸啊。

笔 记

六四,"颠颐"获得吉祥,六二"颠颐"却遭遇凶险,为什么? 因为主体不同,六二是自己颠倒了颐养的方式向他人寻求颐养,而六四却是颠倒了颐养方式颐养他人,六二表现的是希望不劳而获,六四则广施恩惠,所以一凶一吉。

六五,因为阴居阳位,不能够自食其力,但是由于居中位,所以能够得到上九的颐养,可以说它的一切完全是由所在的位置而获得的。即便如此,也一定要守持正道,否则凶险也会到来。

上九,一切由它获得颐养,可谓泽遍天下,但是上九居于《颐》卦之终,一定要注意不使自身过亢,所以要谨慎行事。以慎行事,哪怕是巨流大川也可跨越。

行动指南

作为员工不能寻求不劳而获,但是作为管理者却应该考虑为下属们提供获得发展和生存的机会与条件,如此一来不仅可以激发员工的工作积极性,还可以强化企业的凝聚力。

星期五
独立不惧

《大过》:栋桡;利有攸往,亨。

《象》曰:"大过",大者过也;"栋桡",本末弱也。刚过而中,巽而说行,"利有攸往",乃亨。"大过"之时大矣哉!

《象》曰：泽灭木，"大过"；君子以独立不惧，遯世无闷。

【译文】

《大过》卦：栋梁弯曲；适宜有所前往，亨通。

《彖传》曰："大过"，大得过度了；"栋桡"，说明首尾两端比较柔弱。刚强者却能够守持中道，顺利、喜悦地施行，"利有攸往"，可获亨通。"大过"随顺而动多么宏大！

《象传》说：湖泽淹没树木，"大过"；君子应该独自屹立，毫不畏惧，避世隐居而毫不苦闷。

笔　记

"大过"，刚强的部分过度了，《象传》用湖泽淹没树木来比喻，即水多得过度了，以至于淹没了树木。《序卦》说："不养则不可动，故受之以《大过》。"不养不可以动，一旦颐养之后则有所行动，而行动则有过度的可能。

《彖传》说得很清楚："大者过而本末弱也"。这与很多企业的现状是一致的。往往是领导者才华和能力极其出众，而下属却都是无能之辈，最终因执行不力导致业绩低下。那么，这时领导者应该怎么办呢？《彖传》提供了答案：守持中道，"巽而说行"。

当然，不能因为刚健者过分便放任不管，《象传》提出君子应该独立不惧，实在不行也可以坦然选择遁世。

行动指南

当领导者过于强势时，应该保持独立的见解，只要是为了企业的发展，就不要畏惧，如果正确的观点得不到采纳，那么就韬光养晦，以待时机。

第四周

藉用白茅

初六,藉用白茅,无咎。

《象》曰:"藉用白茅",柔在下也。

九二,枯杨生稊,老夫得其女妻;无不利。

《象》曰:"老夫女妻",过以相与也。

九三,栋桡,凶。

《象》曰:"栋桡之凶",不可以有辅也。

【译文】

　　初六,用白色的茅草垫在(奉献给尊者的物品的)底下,没有灾害。

　　《象传》说:"藉用白茅",柔弱者处于下位,行为谨慎。

　　九二,干枯的杨树长出了新枝,老汉娶了年轻的妻子;无所不利。

　　《象传》说:"老夫女妻",九二阳刚过度,与(初六)阴阳相济。

　　九三,栋梁弯曲,有凶险。

　　《象传》说:"栋桡之凶",九三因为太过刚势不应该再得到帮助。

笔　记

　　初六,以阴居阳位,可谓谦卑,而其行事极其谨慎小心,所以没有灾害。孔子在《系辞上》中说:"苟错诸地而可矣;藉之用茅,何咎之有? 慎之至也。夫茅之为物薄,而用可重也。慎斯术也以往,其无所失矣。"原本可以随便放在地上现在却需要拿茅草垫在下面,这显现了行事之人的谨慎。

　　九二,以阳居阴位,原本刚健过度,但是由于有初六与之相济,所以无所不利,就像老汉娶了个年轻美貌的妻子。

九三,栋梁弯曲,与卦辞相同,由于处于下卦之终,有过亢之象,因此脱离根本,所以凶险。

行动指南

在企业管理的过程中,谨慎永远都是真理,尽管机遇稍纵即逝,但是领导者在行动之前依然应该经过谨慎的论证和考虑,以免盲目冲动而导致恶果。

星期二
过犹不及

九四,栋隆,吉;有它吝。

《象》曰:"栋隆之吉",不桡乎下也。

九五,枯杨生华,老妇得其士夫;无咎无誉。

《象》曰:"枯杨生华",何可久也?"老妇士夫",亦可丑也。

上六,过涉灭顶,凶,无咎。

《象》曰:"过涉之凶",不可咎也。

【译文】

九四,栋梁隆起,吉祥;会有别的困难。

《象传》说:"栋隆之吉",是因为不会再向下弯曲。

九五,枯槁的杨树长出了新花,老太太嫁了年轻力壮的男子为妻;没有危害也没有赞誉。

《象传》说:"枯杨生华",如何可以长久?"老妇士夫",是一件羞丑之事。

上六,涉水过深以至于淹没头顶,有凶险,但没有危害。

《象传》说:"过涉之凶",不应该将其视为危害。

笔 记

九四,栋梁向上隆起,自然不会有什么危害,但是一旦转向就会出问题,所以说

"有它吝"。

九五，《大过》卦的核心，"枯杨生华"，犹如"老妇得其士夫"，是指九五为了改变自身过于阳刚的缺点，所以不惜委身于弱者，因为出发点是好的，所以无咎。但是以老妇配壮夫不可取，所以无誉。《象传》则对此作出了批评："亦可丑也。"九五为了防止过度却做了另外一件过分的事。

上六，犹如栋梁之末端，因为过弱而不堪负重，最终损毁。但上六并非不努力，而是确实没有能力，所以不能视为危害。

行动指南

很多时候，领导者在处理一个问题的同时又会有新问题产生。为什么会出现这种情况？因为处理问题的方法过了。儒家思想之中始终强调"中庸"二字，目的是为了不断提醒人们做事一定要适度，只有采取适当的办法才可以真正解决问题，否则就会"过犹不及"。

星期三
设险守国

《习坎》：有孚，维心亨；行有尚。

《彖》曰："习坎"，重险也，水流而不盈。行险而不失其信，"维心亨"，乃以刚中也；"行有尚"，往有功也。天险不可升也，地险山川丘陵也，王公设险以守其国：险之时用大矣哉！

《象》曰：水洊至，习坎；君子以常德行，习教事。

【译文】
《习坎》：有诚信，内心因此而亨通；前往能够获得嘉赏。

《彖传》说："习坎"，指险难重重，就像水不断流入容器却不见盈满。行走在险境而不丢失诚信，"维心亨"，是因为阳刚居在中位；"行有尚"，指前往可获得功劳。天险无法升越，地险是山川丘陵（也难以逾越），王公设置险阻来守卫国家：险阻之时的作用是多么宏大！

《象传》说：水连续不断流过来，象征重重险难；君子应该不断修养德行，反复实践政教之事。

笔　记

《习坎》乃两个《坎》卦的重叠，所以"习"乃"重"之意。"坎"，《周易本义》解释为"险陷"，"习坎"就是重重险陷。如此一来，我们就能够明白《坎》卦的大义了：表达谨慎行险的道理。"有孚，维心亨"表达了在行险的过程之中只要能够保持诚信，就可以排除万难，最终获得嘉赏。

但是我更关注的是《象传》中的"王公设险以守其国"，这句话的意思是设置一定的险阻来抵挡敌国（人）的进攻，既可以依靠天地之险，也可以依靠人为设置的险阻，这在古代的战争中可谓常识。如果结合到企业经营之中，"设险"就变成了设定竞争对手介入的门槛，将自身所从事的产业转变为一个独特的产业，从而令对手无法迅速模仿进入。当然，也必须要时刻关注对方动向，否则就会有"暗度陈仓"之类的事件发生。

当然，《坎》卦最重要的仍然是教导我们如何涉险，因为诚信是最为重要的因素，所以《象传》再次强调"君子以常德行，习教事"，不可有一日荒废。

行动指南

"设险"对于今天的企业来说就是不断提高创新能力，只有不断创新才可以不断提升竞争的门槛，才可以使竞争对手无从进入。

星期四
进退两难

初六，习坎，入于坎窞，凶。

《象》曰："习坎入坎"，失道凶也。

九二，坎有险，求小得。

《象》曰："求小得"，未出中也。

六三,来之坎坎,险且枕,入于坎窞,勿用。

《象》曰:"来之坎坎",终无功也。

【译文】

　　初六,面临重重险难,落入陷阱深处,有凶险。

　　《象传》说:"习坎入坎",违反履险之道必招凶险。

　　九二,在险阻之中遇到凶险,从小处谋求脱险可以有所收获。

　　《象传》说:"求小得",尚未脱离险阻。

　　六三,来去都是险难,前往有险,退居难安,落入陷阱深处,无法施展才华。

　　《象传》说:"来之坎坎",终究没有任何功绩。

笔　记

　　初六、九二、六三三爻有一个共同的特征:不在位。初六阴居阳位,"入于坎窞"。所谓"窞",乃是"坎中之坎",是陷阱的最深处。初六深陷其中,无法脱身,自然是"凶"。九二阳居阴位,在险难之中又遇到险难,这时要想脱身几乎是不可能的,但是幸好有初六与之呼应,所以还能在小的方面获得一些收获。六三阴居阳位又处于下卦之终,来去都充满险阻,前进不得,后退又不行,并且深陷在陷阱的最深处,这时只有一个选择:等待命运的决定。一个人走到这一步或许便能够真正理解所谓的"天命"了。

行动指南

　　任何企业在经营过程中都有可能面临进退两难的境地,如发展缺乏资金、人员,受到竞争对手的排斥,或者遭遇来自供应商的催款压力,遇到这类情况应该积极寻求合作,也许这样做必须出让一些利益,却能够使企业获得重生的空间。

星期五
履险有道

六四,樽酒簋贰用缶,纳约自牖,终无咎。

《象》曰:"樽酒簋贰",刚柔际也。

九五,坎不盈,祗既平,无咎。

《象》曰:"坎不盈",中未大也。

上六,系用徽纆,寘于丛棘,三岁不得,凶。

《象》曰:上六失道,凶三岁也。

【译文】

　　六四,一樽酒,两盘贡品,用瓦罐盛着物品(虔诚地奉献给尊者),从窗子送进简约的祭品,最终将没有危害。

　　《象传》说:"樽酒簋贰",阳刚与阴柔相互交会。

　　九五,险陷尚不盈满,小丘已被铲平,没有危害。

　　《象传》说:"坎不盈",(九五)虽然居中但平险之功还没有光大。

　　上六,被绳索捆绑住,囚置于荆棘丛中,三年不得解脱,有凶险。

　　《象传》说:上六违背履险之道,凶险将延续三年之久。

笔 记

　　六四、九五、上六与初六、九二、六三相反,全都在位。六四因需要与九五呼应,是臣子、下属,所以需要表达自身的诚信以赢得九五的信任,需搬出祭祀时的摆设以表达自身的顺从之意。如此一来,即便是起先受到猜疑,最终也可获得信任。九五尽管阳处阳位,但是处于六四、上六两个阴爻之中,很难得到充分的展示,所以《象传》说"中未大也"。上六很糟糕,以阴居九五之上,且处上卦之终,可谓无人可应,所以"凶三岁也"。

行动指南

　　任何险难都是可以妥善处理和解决的,问题的关键在于处理者能否依照"履险之道"去行动。"履险之道"只一个字"孚",即诚信。只要保持诚信,企业的任何困难都可以迎刃而解,只要保持诚信,就可以获得他人的帮助和支持。

持之以恒

第一周

星期一
附丽正道

《离》:利贞,亨;畜牝牛,吉。

《彖》曰:"离",丽也;日月丽乎天,百谷草木丽乎土。重明以丽乎正,乃化成天下;柔丽乎中正,故亨,是以"畜牝牛吉"也。

《象》曰:明两作,离;大人以继明照于四方。

【译文】

《离》卦:适宜守持正固,亨通;蓄养母牛,吉祥。

《彖传》说:"离",附丽之意;日月附丽于天,百谷草木附丽于土地。以双重光明附丽于正道,就可以教化成就天下之人;柔顺者附丽于居中守正者,所以亨通,所以"畜牝牛吉"。

《象传》说:光明重复升起,离;大人应该连续不断用光明照耀天下四方。

笔 记

《离》卦讲述的是附丽、依附之道,《序卦》说:"陷必有所丽,故受之以《离》。离者,丽也。"《坎》卦意味着陷入困境,这时需要有所依附,所以紧接着便是《离》卦。同时,《离》卦由下离上离构成,"离"为火,火不能够独立,存在必须有所依附才可以,所以要附丽。

但是附丽也不是没有选择的,必须选择正确的附丽对象。正如日月附丽于天,百谷草木附丽于土地一般,管理者应该附丽于正道,不断提高自身的品德,并且懂得教化他人、成就他人;柔顺者则应该附丽于刚健居正者,从而可以形成阴阳交合、刚柔交际的结果,一旦如此,必获亨通。

行动指南

　　无论是个人还是企业,在遭遇困境之时,一定要选择合适的合作伙伴,从而使自身脱离困境,但是如果对方不能恪守正道,最终只会将你带入更深的泥潭。

星期二

日昃之离

　　初九,履错然,敬之,无咎。

　　《象》曰:"履错之敬",以辟咎也。

　　六二,黄离,元吉。

　　《象》曰:"黄离元吉",得中道也。

　　九三,日昃之离,不鼓缶而歌,则大耋之嗟,凶。

　　《象》曰:"日昃之离",何可久也?

【译文】

　　初九,践行事务郑重不苟,保持谨慎恭敬的态度,没有危害。

　　《象传》说:"履错之敬",用来避免危害。

　　六二,保持中正的黄色附丽于物,至为吉祥。

　　《象传》说:"黄离元吉",符合中正之道。

　　九三,太阳西斜的附丽,不是敲着瓦盆唱歌,就是发出垂老之人的哀叹,有凶险。

　　《象传》说:"日昃之离",如何可以长久?

笔 记

　　"错然",错落有致,引申为"敬慎之状",《尚氏学》:"又有'郑重不苟'之意。"即初九虽然居于下位,但是做事能够一丝不苟,而且态度谨慎恭敬,最终可以获得无咎。

六二,"黄离元吉"之"黄"乃"黄裳"之"黄",即帝王之服饰之"黄",因为能够附丽于帝王,所以至为元吉。但是《象传》中强调"得中道也",是指不仅仅附丽于帝王,而且是附丽于恪守正道的帝王。

九三,位居下卦之终,所以作《易》者用了两个意象来表达其势已去:一是日昃,即太阳即将下山;二是大耋之差,即老人发出叹息。两个意象都表达了光明将尽之意,所以《象传》说:"日昃之离,何可久也?"

行动指南

在寻求合作之时,一定要对对方进行深入了解,在此基础上作出准确的判断,因为选错了对象便意味着失败。比如九三的"日昃之离"便很糟糕,一旦合作伙伴处于"日昃"状态,那必定意味着离失败不远了。

星期三
正邦之举

九四,突如其来如,焚如,死如,弃如。
《象》曰:"突如其来如",无所容也。
六五,出涕沱若,戚嗟若,吉。
《象》曰:六五之吉,离王公也。
上九,王用出征,有嘉。折首,获匪其丑,无咎。
《象》曰:"王用出征",以正邦也。

【译文】
九四,突然升起火红的霞光,像烈焰在焚烧,顷刻间消亡,被放弃。
《象传》说:"突如其来如",没有可以容身的地方。
六五,泪水汹涌流出的样子,忧戚叹息的样子,吉祥。
《象传》说:六五之吉,附丽于王公。

上九，君王出师征伐，有功绩。斩获对方的首领，俘获不愿亲附的异己，没有危害。

《象传》说："王用出征"，是为了使国家走上正道。

笔 记

九四，希望以"突如其来"的霞光引起"六五"的青睐和关注，可惜因为位置不当（阳处阴位），欲速则不达，只是发出短暂的光亮，很快就消亡了，结果自然是被抛弃。

六五，以阴居阳位，可谓位不当，所以"出涕沱若，戚嗟若"，整日哀怨，但是由于有王公大臣的竭力辅助，所以能够获得吉祥。很多时候，管理者并不是能力最出色的人，而是能够借助于辅助之人才能的人，例如刘备依靠诸葛亮与五虎上将赢得了三足鼎立的局面。

上九，位居《离》卦之极，应该受到众爻的亲附，如有不亲附者，大可出师征讨。这样的征讨可谓清除异己，使大家统一思路，为了共同的目标前进，所以《象传》称之为正邦之举。

行动指南

清除异己绝非排斥不同的观点，恰恰相反，领导者应该了解大家的不同观点和看法，但是对于那些不能够认同企业价值观和文化的人则必须予以清除，无论他具备多么出色的能力。

星期四
以虚受人

《咸》：亨，利贞；取女吉。

《彖》曰：咸，感也；柔上而刚下，二气感应以相与。止而说，男下女，是以亨，利贞，取女吉也。天地感而万物化生，圣人感人心而天下和平：观其所感，而天地万物之情可见矣！

《象》曰：山上有泽，咸；君子以虚受人。

【译文】

《咸》卦：亨通，适宜守持正固；娶妻可获吉祥。

《彖传》说："咸"，感应之意（"咸"、"感"古今字也）；阴柔者上去而阳刚者下来，阴阳二气相互感应从而结合在一起。稳定而喜悦，男方以谦卑态度对待女方，所以亨通，适宜守持正固，娶妻可获吉祥。天地感应使得万物化育生长，圣人感应大众之心可使天下出现和平之象；观察这种感应现象，就可以看出天地万物的真实情况了。

《象传》说：山上有湖泽，此咸之象；君子应该以谦逊的态度接纳他人。

笔　记

《咸》卦是《周易》下经的起始之卦，先儒们都认为《周易》上经明天道，下经明人事。所以《咸》卦谈的是夫妇的感应之道。《序卦》说："有天地然后有万物，有万物然后有男女，有男女然后有夫妇，有夫妇然后有父子，有父子然后有君臣，有君臣然后有上下，有上下然后礼仪有所错。夫妇之道不可以不久也，故受之以《恒》。"夫妇之道由《咸》卦阐述，而夫妇之长久之道则由《恒》卦阐述。

既为夫妇之道，那么应该如何处置？《彖传》中说得很明白："柔上而刚下，二气感应以相与。止而说，男下女。"唯有如此，才能够获得"亨"、"取女吉"。这说明夫妇之道的根本在于男方对女方的感应，并且采取一种谦虚、退让的态度，唯有如此，才可以使家庭生活幸福长久。如果延伸到现今的企业管理之中，则男方代表管理者，女方代表被管理者，管理者必须礼贤下士，尊重下属，能赢得下属们的忠诚和责任心，如此方能保证企业的顺利发展和成长。

行动指南

作为管理者，应该懂得尊重下属，礼贤下士，一旦如此，下属们的工作积极性和责任心都将被激发出来。

星期五
顺道不害

初六,咸其拇。

《象》曰:"咸其拇",志在外也。

六二,咸其腓,凶;居吉。

《象》曰:虽凶居吉,顺不害也。

九三,咸其股,执其随往,吝。

《象》曰:"咸其股",亦不处也;"志在随人",所执下也。

【译文】

初六,感应到脚的大拇指。

《象传》说"咸其拇",志向是向外发展的。

六二,感应到小腿肚,有凶险;安居静观可获吉祥。

《象传》说:虽然有凶险但安居静观可获吉祥,顺应正道就不会受到危害。

九三,感应到大腿,执意跟随他人前往,有危害。

《象传》说:"咸其股",也不能安静退处;"志在随人",所坚持的原则是卑下的。

笔 记

《咸》卦的感应是逐渐转移的,起先只能感应到大脚趾,然后是小腿肚,接着是大腿……初六感应最浅,尽管"志在外",但不足以采取行动。六二阴处阴位,适宜静居,不适宜盲目冲动,所以爻辞以"凶"警示,从而强调"居吉"。《象传》则强调"顺不害",即顺应正道没有危害。无论是男女,还是君臣,抑或是今天的管理者与下属之间,都必须顺从感应之道——"以虚受人",才可以免遭灾祸。

九三位居下卦之终,可谓进退两难,安静退处有危害,执意跟随他人前往也有害,究其原因是因为其坚持的根本就是卑下的。作出改变或许还有一丝机会,不作改变只能遭遇困境。

行动指南

　　在管理中多多关注员工们的情绪和心态,采取适合的管理模式,激发大家的工作热情和责任心。

第二周

星期一

朋从尔思

九四,贞吉,悔亡;憧憧往来,朋从尔思。

《象》曰:"贞吉悔亡",未感害也;"憧憧往来",未光大也。

九五,咸其脢,无悔。

《象》曰:"咸其脢",志末也。

上六,咸其辅颊舌。

《象》曰:"咸其辅颊舌",滕口说也。

【译文】

　　九四,正固吉祥,悔恨消失;忙碌着来来往往,朋友们顺从你的想法。

　　《象传》说:"贞吉悔亡",没有受到因为感应不当带来的危害;"憧憧往来",感应之道尚未得到光大。

　　九五,感应到后背,没有悔恨。

　　《象传》说:"咸其脢",志向过于浅末。

　　上六,感应到口头上。

　　《象传》说:"咸其辅颊舌",信口开河而已。

笔　记

　　九四,已位于上卦,接近心脏,是人类感应的主体,所以说"贞吉,悔亡",强调了感应的根本在于心胸坦然而无一己私念。《系辞下》谈到"憧憧往来,朋从尔思"时,说"天下何思何虑? 天下同归而殊途,一致而百虑"。当我们以真诚之心感应万物,就会发现"殊途同归,百虑一致"的道理,所以不要忙碌着东奔西跑地应酬,也不要担心朋友们会不赞同你的想法。

九五,位居尊位,但是只感应到后背,距离感应天下百姓的心声还很远,所以只能是"无悔"而已。

上六,感应于口头表达,可谓虚伪不诚。

行动指南

无论是为人之道,还是经营之道,都必须遵循自然之道。很多时候,人们为了取得成功不择手段,但最终还是身败名裂。因此,管理者必须严格遵循管理之道对员工进行管理,而管理之道的根本则是:保持高度的真诚。

星期二
持之以恒

《恒》:亨,无咎,利贞,利有攸往。

《彖》曰:恒,久也。刚上而柔下,雷风相与,巽而动,刚柔皆应,"恒"。"恒:亨,无咎,利贞",久于其道也。天地之道,恒久而不已也;"利有攸往",终则有始也。日月得天而能久照,四时变化而能久成,圣人久于其道而天下化成:观其所恒,而天地万物之情可见矣!

《象》曰:雷风,恒;君子以立不易方。

【译文】

《恒》卦:亨通,没有危害,适宜守持正固,适宜有所前往。

《彖传》说:恒,长久之意。刚健者居上阴柔者在下,雷与风相互配合,随顺而行动,刚健者与阴柔者都能够上下呼应,"恒"。"恒:亨,无咎,利贞",长久地遵循规律。天地运行的规律,长久而不停止;"利有攸往",结束就意味着新的开始。日月遵循天道所以能够持久照耀,四季变化不断所以能够使万物长久生长,圣人长久遵循治理之道,天下人就能够得到教化而有所成就:观察这种恒久的现象,天地万物的真实情况就可以一目了然了。

《象传》说:雷与风相互配合,恒;君子应该立身处世不改变正道。

笔　记

《恒》卦，顾名思义，讲述的正是"恒久"之道。孔子说过这样一句话："人而无恒，不知其可。"一个人连恒心都没有，就不知道他还能做什么了。这说明"恒"是多么的重要。当然，中国古代文化始终强调"恒"的重要性，如《荀子·劝学》说："锲而舍之，朽木不折；锲而不舍，金石可镂。"

关于"恒"，《周易》强调两点：一是恒久不易，即恪守正道不可一刻改变和动摇；二是恒久不已，即践行正道必须持之以恒，不可中断。当然，这两者并非割裂的，而是相辅相成的，两者有一点被违背就不足以称做"恒"。

行动指南

经营企业的恒心，主要表现在以下两个方面：一是企业定位清晰并朝特定方向深入发展，有些企业没有明确的经营定位，单纯以利益为导向，什么产业能够创造利润就从事什么产业，总在不断地更换经营方向，这其实犯了企业经营的大忌。二是采用新的管理方式并使之得到持续的实施和运用。

星期三
浚恒之凶

初六，浚恒，贞凶，无攸利。

《象》曰："浚恒之凶"，始求深也。

九二，悔亡。

《象》曰：九二"悔亡"，能久中也。

九三，不恒其德，或承之羞；贞吝。

《象》曰："不恒其德"，无所容也。

【译文】

初六，深入挖掘恒久之道，守持正固以防凶险，无所适宜。

《象传》说："浚恒之凶"，是因为开始时便求之过深。

九二，悔恨消失。

《象传》说：九二"悔亡"，是因为能够长久恪守中道。

九三，不能恒久地保持品德，时常会受到羞辱；守持正固以防危难。

《象传》说："不恒其德"，无处可以容纳。

笔 记

初六，凶令人深思。"浚"，深入挖掘之意，"浚恒"指不思长期坚持，而希望一蹴而就，求之太深，超出恒常，往往适得其反，正所谓"欲速则不达"。初六"浚恒"之诫，可以延伸至治学、经营等多个领域。很多人学了一点皮毛，尝到一点甜头，就迫不及待地杀鸡取卵，这样一来，通常无法做到持之以恒，也就违背了《恒》卦所强调的"恒久不已"。

九二，没有悔恨的道理很简单：长久地恪守中道。

九三，直截了当地说出了"不恒其德"者的后果："无所容也"。没有恒心且急功近利者，最终自然一事无成，也得不到他人的接纳，以致无处可以栖身。

行动指南

做任何事情，都不要期望一蹴而就，对于企业经营来说更是如此，无论是推行一项新的策略，还是实行一种新的管理理念，都必须坚持不懈，直到最终真正取得成功为止。

星期四

振恒之凶

九四，田无禽。

《象》曰：久非其位，安得禽也？

六五，恒其德，贞；妇人吉，夫子凶。

《象》曰："妇人贞吉"，从一而终也；夫子制义，从妇凶也。

上六，振恒，凶。

《象》曰："振恒"在上，大无功也。

【译文】

九四，打猎没有任何收获。

《象传》说：长久地处在不正当的位置，如何能够有所收获？

六五，长久地坚守自身的品德，守持正固；妇人可获吉祥，男子有凶险。

《象传》说："妇人贞吉"，是因为顺从一个丈夫终身不变；男子则必须遵循道义的约束，若像妇人那样顺从就会有凶险。

上六，震动长久不停，有凶险。

《象传》说："振恒"而高居在上，完全没有任何功劳可言。

笔 记

九四，阳居阴位，所以《象传》说"久非其位"，结果必然是"劳而无获"。

六五，以阴柔位居尊位，只能坚持自身的品德，并守持正固。即便如此，也只是对阴柔者有利，而阳刚者如果一味地跟从阴柔者，就会有凶险。所以，六五必须发挥出自身阴柔的一面。

上六，最值得研究，"振恒"，长久的震动不安，结合到企业经营意味着什么？自然是管理层不断变换思路，导致员工们无从执行，这样的企业经营如何能好？可是现实之中，这样的企业随处可见。我曾经研究过一家民营企业，这家企业的管理者是一个非常喜爱学习的人，但他却有一个致命的弱点：没有恒心。这就导致了他一学到新的管理方式便会很快推行到自家的企业中，可是在大家还没有接受甚至还没有认识到这一管理方式的优点时，他又开始推行另一种新的管理方式。结果是员工们对他推行的任何新方法都无动于衷，"反正很快就要被放弃回到原样的"。

行动指南

作为管理者，在选择一种新的管理方式之前必须进行深入的分析和研究，一旦推行则必须持之以恒，直到这一管理方式真正起效为止。

星期五
远离小人

《遁》：亨,小利贞。

《彖》曰:"遁,亨",遁而亨也;刚当位而应,与时行也。"小利贞",浸而长也。遁之时义大矣哉!

《象》曰:天下有山,遁;君子以远小人,不恶而严。

【译文】

《遁》卦:亨通,柔小者适宜守持正固。

《彖传》说:"遁,亨",退避而得亨通;刚健者居于正位而有应合,顺应时势采取行动。"小利贞",需要渐渐发展而成长。顺应时势退避的意义是深远宏大的。

《象传》说:山要侵天,天应该遁避;君子应该远离小人,不要厌恶他人,但要保持严肃端正。

笔 记

《遁》卦讲述的是"退避"之道,人生能够做到知进退,必定可以从容不迫,气定神闲,可是又有几人可以理解其中真意?

《彖传》说"遁而亨",自然不是说无原则的退避,一旦如此就成了消极的遁世情怀了,可是《周易》始终强调的是"自强不息"的奋斗。因此,这里的"遁而亨"应该是指在遇到险阻或是小人当道的情况之后,采取"遁",从而获得"亨"的结果。也就是说,《遁》卦强调的退避不是永远的退避,更不是无原则的退避,而是以退为进,避开风头正健的小人,以期来日振兴复盛。

《象传》说得很清楚:"遁"的意义在于"远小人",不与小人同流合污。

行动指南

在企业管理过程之中,必须时刻了解和分析外界的市场环境和状况,从而做到该进时则进,该退时则退。

静观其变

初六,遁尾;厉,勿用有攸往。

《象》曰:"遁尾"之厉,不往何灾也?

六二,执之用黄牛之革,莫之胜说。

《象》曰:"执用黄牛",固志也。

九三,系遁,有疾厉;蓄臣妾,吉。

《象》曰:"系遁之厉",有疾惫也;"蓄臣妾吉",不可大事也。

【译文】

初六,退避不及而落在末尾;有危险,不适宜有所前往。

《象传》说:"遁尾"的危险,不前往又有什么灾祸呢?

六二,用黄牛皮制成的绳子捆住,没有人能够逃脱。

《象传》说:"执用黄牛",是为了稳固志向。

九三,心怀眷恋不能退避,将有疾患、危险;蓄养臣子侍妾,吉祥。

《象传》说:"系遁之厉",有疾患而疲惫;"蓄臣妾吉",但不可治国之大事。

笔 记

初六,位于《遁》卦初位,《周易》以上为首,以初为尾,所以说初六"遁尾"。退避时走在后面,表示见机太晚,但是因为初六乃阴柔之象,一向谦和、避让,所以最好的选择是"静观其变","不往而无咎"。

六二,阴处阴位,位置得当,而且有九五正应,所以必须按定不动。作《易》者为了强调六二的安定,用"执之用黄牛之革"来表示,固志达到这一程度,还有什么能使之改变呢?

九三,也是退避不及,但是它的退避不及与初六不一样,是因为有所眷恋而矛盾,导致无法迅速退避,这样一来,必定会有危险,也将因此而疲惫不堪。

行动指南

在应该退让而没有能够及时退出时,需要管理者保持冷静,而非盲目冲动,等完全将外界的环境看清楚之后再采取行动不迟,而且一旦行动必须确保能够顺利地退出。

星期二
退避之道

九四,好遁,君子吉,小人否。

《象》曰:君子好遁,小人否也。

九五,嘉遁,贞吉。

《象》曰:"嘉遁贞吉",以正志也。

上九,肥遁,无不利。

《象》曰:"肥遁无不利",无所疑也。

【译文】

九四,合宜的退避,君子吉祥,小人困险。

《象传》说:君子可以做到合理的退避,小人因做不到而陷于困险。

九五,美好的退避,正固吉祥。

《象传》说:"嘉遁贞吉",能够端正退避的心意。

上九,高飞且远远的退避,无所不利。

《象传》说:"肥遁无不利",没有任何怀疑。

笔 记

九四、九五、上九全都是讲述如何退避的问题。

九四,选择一个适合的机会退避,这样既不会引起对方的猜疑,又不会使自身躲避不及,所以"君子吉"。但是小人往往不知道何时该进、何时该退,常常作错误的选择,所以"小人否"。

九五,美好及时地退避,有点类似于功成名就之后的退隐,一切都顺其自然,自然正固吉祥,可是现实中没有几人能做到这一点。

上九,爻辞,高飞而远远地退避,此处的高飞自然与上九位于《遁》卦之终而无所牵挂相关,因为无所牵挂所以走得干净利索,毫无留恋之心。

行动指南

如果想退避,一定要选择适当的时机和条件,时机或条件不成熟,都会导致企业的退出战略遭到阻力。

星期三
非礼弗履

《大壮》:利贞。

《彖》曰:"大壮",大者壮也;刚以动,故壮。"大壮,利贞",大者正也。正大而天地之情可见矣!

《象》曰:雷在天上,大壮;君子以非礼弗履。

【译文】

《大壮》卦:适宜守持正固。

《彖传》说:"大壮",刚大者强盛之意;刚健者行动健劲,所以强盛。"大壮,利贞",刚大者必须恪守正道。恪守正道发扬光大就可以对天地万物的性情一目了然了。

《象传》说:阳气居于上卦,有助于天威,大壮;不符合礼仪的事君子都不应该去做。

笔 记

《大壮》，事物发展到最为强盛的阶段了，这时自然是最佳状态，可是状态过好往往容易导致骄傲自满，《大壮》卦正是为了警示世人在强盛时应该恪守正道、守持正固。

从《序卦》可以看出，《遁》卦之退避完全是为了"以退为进"，"物不可以终《遁》，故受之以《大壮》"。那么，在强盛阶段，到底应该如何处置事务呢？《象传》说得很清楚："非礼弗履"，违背礼仪的事一概不能做。孔子在《论语》中说得更具体："非礼勿视，非礼勿听，非礼勿言，非礼勿动。"

摆在强盛者面前的问题事实上非常简单：一切行为都符合礼制，都恪守正道，就可以长久地保持强盛。

行动指南

当企业发展到强盛之时，领导者一定要注意企业的社会道德和文化建设，使经营符合仁义道德，如此方可使企业长久强盛。

星期四
小人用壮

初九，壮于趾，征凶；有孚。

《象》曰："壮于趾"，其孚穷也。

九二，贞，吉。

《象》曰："九二贞吉"，以中也。

九三，小人用壮，君子用罔；贞厉，羝羊触藩，羸其角。

《象》曰："小人用壮，君子罔也"。

【译文】

初九，强盛在脚趾，前往必有凶险；应当恪守诚信。

《象传》说："壮于趾"，它的诚信会走到尽头。

九二，守持正固，吉祥。

《象传》说："九二贞吉"，因为九二处于下卦中位。

九三，小人依仗的是强盛，君子有强盛而不倚仗；守持正固以防危害，像大羊强行触藩篱，卡住了羊角。

《象传》说："小人用壮，君子罔也"。

笔　记

初九，强盛在脚趾，象征着"期望进展"，可是初九阳气未足，动必有险，所以应该守信不进以养其壮。急于冒进很容易使他人对你产生猜疑，从而失去最初赢得的信任。初九是告诫读《易》者"慎始"。

九二，贞吉。道理很简单，以阳居阴位，可谓谦逊，《周易》始终在教导人们谦虚，一旦做到谦逊，基本可保平安。九二因为谦逊而居正，所以可获吉祥。

九三，说了两类人：小人和君子。在这里，小人和君子的差异一目了然：小人一旦强盛必有所依持，所谓仗势欺人；君子却相反，即使强盛也不会仗势欺人。仗势欺人的后果必然是导致危害，就像羊触抵篱笆被卡住了角。

总之，初九、九二、九三三爻都严格遵循《大壮》卦义，强调在强壮之时要保持谦逊、恪守正道。

行动指南

无论企业发展得多么强盛，也无论自身的才华多么出色，一定要注意不要仗势欺人，更不要恃才自傲。

星期五
咎不至长

九四，贞吉，悔亡；藩决不羸，壮于大舆之輹。

《象》曰："藩决不羸"，尚往也。

六五,丧羊于易,无悔。

《象》曰:"丧羊于易",位不当也。

上六,羝羊触藩,不能退,不能遂,无攸利;艰则吉。

《象》曰:"不能退,不能遂",不详也;"艰则吉",咎不长也。

【译文】

九四,守持正固可获吉祥,悔恨消失;犹如撞开了藩篱从此不被牵制,又似大车的车辕坚韧适用。

《象传》说:"藩决不羸",是因为渴望进取。

六五,在田畔丢失了羊,没有悔恨。

《象传》说:"丧羊于易",因为位置不当。

上六,大羊触抵藩篱,(卡住了角),不能够退后,也不能够如意,没有任何利益;在艰难之中守持正固可获吉祥。

《象传》说:"不能退,不能遂",(上六处事)不够周详;"艰则吉",危害不至于长久。

笔 记

九四,与九二有相似之处,都是阳居阴位,都可获吉祥。但是九四相比九二状况更好一些:九四可以前进,九二只可以自守不进。因为九四距离六五很近,刚健者保持谦逊可获六五青睐,所以有所作为。

六五,因为以阴居阳位,所以有所闪失,《象传》说得直截了当:"位不当也"。

上六,既是"无攸利",又是"艰则吉",既"不能退",又"不能遂",可谓进退两难。这说明位于上六阶段决不可盲目冒进,而应该守持正固。但是因为本身的强盛,遇到一时的艰难也不要惊慌失措,应该在艰难之中守持正固、恪守正道,这样一定可以走出困境,所谓"咎不长也"。

行动指南

企业经营最糟糕的状态便是惊慌失措,一遇到问题和挫折便人心惶惶。事实上,问题和困难并不可怕,只要能够恪守经营之道,保持商业道德,最终必定能顺利渡过难关,获得再次发展。

自昭明德

《晋》：康侯用锡马蕃庶，昼日三接。

《彖》曰："晋"，进也，明出地上。顺而丽乎大明，柔进而上行。是以"康侯用锡马蕃庶，昼日三接"也。

《象》曰：明出地上，晋；君子以自昭明德。

【译文】

《晋》卦：天子赏赐了尊贵的公侯很多车马，一天之内获得天子三次接见。

《彖传》说："晋"，进展之意，就像光明出现在大地上。柔顺而附丽于上者的宏大光明，柔弱者获得发展并且向上行走。所以能够"康侯用锡马蕃庶，昼日三接"。

《象传》说：光明出现在大地上，晋；君子应该彰显自身光明的德行。

笔 记

《大壮》卦意在警示世人当止则止，但是"物不可以终壮，故受之以《晋》"（《序卦》），所以要开始"进展"，"晋者，进也"。《象传》用"明出地上"的意象表示"进展"。

康侯指阴柔者，《晋》卦主要提示阴柔者积极上进，就能像康侯一样受到大的奖赐，并且一日内受到多次接见。那么，阴柔者应该如何进展呢？《象传》说："君子以自昭明德。"意思是君子自身应该不断彰显光明的德行，唯有如此，才可以获得上位者的青睐和重视。

行动指南

不仅是当代，即便在古代，哲人们就已经理解"酒香也怕巷子深"的道理了。所以，作为下属，一定要不断地展示自身光明的德行，使人们认识到自己的才华，从而得到重用。

星期二
众允之志

初六,晋如,摧如,贞吉;罔孚,裕无咎。

《象》曰:"晋如摧如",独行正也;"裕无咎",未受命也。

六二,晋如,愁如,贞吉;受兹介福,于其王母。

《象》曰:"受兹介福",以中正也。

六三,众允,悔亡。

《象》曰:"众允"之志,上行也。

【译文】

初六,进展的样子,忧愁的样子,守持正固可获吉祥;(初六尚早)不能获得信任,宽裕待时则可以没有危害。

《象传》说:"晋如摧如",独自践行正道;"裕无咎",没有受到任命。

六二,进展的样子,满面愁苦的样子,守持正固可获吉祥;将要承受宏大的福泽,来自尊贵的王母。

《象传》说:"受兹介福",以为六二居中守正。

六三,获得众人信允,悔恨消失。

《象传》说:"众允"的志向,是向上行进。

笔 记

初六,居于全卦的底部,自然应该力求上进,但是由于上面还有两个阴爻(六二、六三),所以要守持正固。同时,由于初六位置过低,尚未赢得上位者信任,所以要等待时日,慢慢让上位者知晓自身的品德,所以说初六"独行正"、"裕无咎"。

六二,阴居阴位,可谓位正当,同时与上位者(六五)相互呼应,所以能够获得宏大的福泽,这种福泽正是来自于六五——王母。

六三,位居下卦之终,必须先取信于"众",扎稳根基,才能够实现自身上行的志向。

行动指南

做任何事情都离不开众人的支持,企业经营更是如此。领导者只有取得员工们的支持和肯定,才能在管理过程中取得顺利进展。

星期三

失得勿恤

九四,晋如硕鼠,贞厉。

《象》曰:"硕鼠贞厉",位不当也。

六五,悔亡,矢得勿恤;往吉,无不利。

《象》曰:"矢得勿恤",往有庆也。

上九,晋其角,维用伐邑,厉吉,无咎;贞吝。

《象》曰:"维用伐邑",道未光也。

【译文】

九四,向前进展如硕鼠,守持正固以防危害。

《象传》说:"硕鼠贞厉",因为位置不当。

六五,悔恨消失,誓言也总会得到的,不必担忧;前往获得吉祥,无所不利。

《象传》说:"矢得勿恤",前往必有福庆。

上九,进展,仿佛头上长角,只有征伐下属国,才能转危为安,消除危害;守持正固以防缺憾。

《象传》说:"维用伐邑",前方道路冥暗无光。

笔 记

九四,太糟糕了,像硕鼠一样进展,如何能够做到? 何为"硕鼠"? 是一种掌握五种能力却不能专长于任何一种能力的小动物,所谓"能飞不能过屋,能缘不能穷木,能游不能度谷,能穴不能掩身,能走不能先人"。像"硕鼠"一般的员工在企业内时常可见,说起来什么都懂,可是真正交付给他一项任务,却无从解决。

六五,处于尊位,这时需要不顾得失地积极进展,因为六五是阴柔之身,性喜退让,但是一旦退让则机遇便会错过,所以作《易》者鼓舞六五勇往直前,而且不要计较一时的得失,因为进展的尽头必然是"福庆"。

上九,开始盛极而衰,虽然还可以征讨下属国,还可以无咎,但是已经是困难连连,所谓"道未光也"。这时如若不能回身恪守正道,"厉"、"咎"不久将止。

行动指南

从《周易》的这段文字中,我们至少可以学到以下两点:第一,一个人必须要有某项专长,也就是定位,否则就会像"硕鼠"一样,最终无所建树。这一点对于企业来说同样重要,很多企业涉足多项业务,可是没有一项业务可以进入行业前三位,这样的企业迟早要遭遇消亡的命运。第二,在该进取之时一定要进取,不要计较一时的得失成败,很多人(企业)通常因为计较一点点微小的损失却错过了跨越式发展的机遇,最终造成了得不偿失的结果。

星期四
用晦而明

《明夷》:利艰贞。

《彖》曰:明入地中,"明夷";内文明而外柔顺,以蒙大难,文王以之。"利艰贞",晦其明也;内难而能正其志,箕子以之。

《象》曰:明入地中,"明夷";君子以莅众,用晦而明。

【译文】

《明夷》卦:适宜在艰难中守持正固。

《彖传》说:光明隐入到地中,"明夷";内涵文明而外表柔顺,以此而受到巨大的患难,周文王就是如此。"利艰贞",隐晦自身的光明;面对内部的患难还能够端正自身的志节,箕子是这么做的。

《象传》说：光明隐入地中，"明夷"；君子应该谨慎治理众人，使用韬晦之计，明看为退，实则为进，前途光明。

笔 记

《明夷》卦以"利艰贞"为卦辞，可见作《易》者的警示之深刻。"明"，光明；"夷"，损伤；"明夷"，光明损伤之意。光明受到损伤，说明正道暗淡而政治混乱，这时君子应该自晦其明、守正不移，在艰难之中维持正道，在"自我隐晦"中等待转衰为盛、光明重现的时刻。

《象传》用了文王和箕子两人的故事说明隐晦的重要性，也强化了在特殊环境下不得不韬光养晦的道理。

这一点同样适用于今天的管理者。当企业经营走入歧途之时，即使正确的观点得不到认同，也不能甩手不管，而是应该始终恪守正道，不断影响身边的人，等待时机，对企业的经营进行变革，使企业重新走上发展之路。

行动指南

管理者(尤其是职业经理人)在正确的经营思路受到挫折之时，应该适当掩饰自身的才能，而不是据理力争，但是仍然要坚持正确的经营方式，不断完善自身的经营之道，一旦时机成熟，便可重新带领企业走上稳定发展的道路。

星期五
明夷于飞

初九，明夷于飞，垂其翼；君子于行，三日不食。有攸往，主人有言。
《象》曰："君子于行"，义不食也。
六二，明夷于左股，用拯马壮，吉。
《象》曰：六二之吉，顺以则也。
九三，明夷于南狩，得其大首；不可疾，贞。

《象》曰:"南狩"之志,乃大得也。

【译文】

　　初九,飞鸟光明损伤之时向外飞翔,低垂着翅膀;君子为了行走,多日不吃东西。有所发展,却遭到主事的人的责怪。

　　《象传》说:"君子于行",是为大义而不吃东西。

　　六二,光明损伤时损坏了左大腿,用壮马拯济使之慢慢恢复,吉祥。

　　《象传》说:六二之吉,是由于顺从并且遵守规则。

　　九三,光明损伤时在南方巡守,斩获元凶首级;不可以操之过急,应该守持正固。

　　《象传》说:"南狩"的志向,是要大有作为。

笔　记

　　初九,爻辞写得特别的美:"明夷于飞,垂其翼;君子于行,三日不食。"可表达的意思并不美:只能在昏暗中垂着翅膀低飞,为了行走连饭也顾不上吃。可见要做到隐晦并不容易,而且还不能够获得他人的理解,甚至遭到他人的指责——"主人有言"。但是,为了能够做到进退自如,遭遇一些挫折是无所谓的,因此,《象传》说"义不食也"。

　　六二,受到了一点伤害,"明夷于左股",但是恰好可以借势退隐,所以说"吉"。

　　九三,可谓发展顺利,但是这时也应该知道把握节奏,不能够操之过急,甚至要做好激流勇退的准备,所以作《易》者只是强调了一个字:"贞"。

行动指南

　　企业经营中,在应该退避之时,遭受再多的困难也不要后悔,而应该隐忍。因为一旦不能够做到隐晦,必将遭遇更大的问题和挫折。

见善则迁，有过则改

第一周

明不可息

六四,入于左腹,获明夷之心,于出门庭。

《象》曰:"入于左腹",获心意也。

六五,箕子之明夷,利贞。

《象》曰:"箕子之贞",明不可息也。

上六,不明,晦;初登于天,后入于地。

《象》曰:"初登于天",照四国也;"后入于地",失则也。

【译文】

六四,进入到左腹部,得知光明损伤的真实情况,于是毅然跨出门庭隐退。

《象传》说:"入于左腹",得知真实的情况。

六五,箕子的光明损伤,利于守持正固。

《象传》说:"箕子之贞",光明是不会熄灭的。

上六,没有光明,一片灰暗;最初登于天上,最后入到地下。

《象传》说:"初登于天",照亮四方;"后入于地",违背了法则。

笔　记

六四,在了解了光明损伤的真实情况之后,毅然选择离开,"于出门庭",可见当时的管理者是多么的昏庸无能。

六五,仍然举了箕子的例子来说明应该在"明夷"之时守持正固。箕子是商纣王的叔父,因为不满纣王的昏庸无道,假装疯癫,纣王将之削职为奴,箕子由此幸免于难,还指导了周武王一些治国之道。《象传》说:"明不可息",意思是像箕子这样的人,一时的黑暗是不可能将他们内心的光明熄灭的,一旦有机会,他们必定能够重现光明。

上六，原本居于高位者应该"照四国"，可惜因为自身的昏庸无道，最终只能落得个"入于地"的结局。

行动指南

光明是不可能被熄灭的，黑暗只是暂时的，光明终究会再次出现。同样，自身优秀的建议虽然一时未被采纳，但随着企业的发展，优秀的建议最终一定会被采纳并运用。所以，我们应该时刻修炼自身，以期在得到展现才能的机会时大放异彩。

星期二
言有物，行有恒

《家人》：利女贞。

《彖》曰：家人，女正位乎内，男正位乎外；男女正，天地之大义也。家人有严君焉，父母之谓也。父父，子子，兄兄，弟弟，夫夫，妇妇，而家道正；正家而天下定矣。

《象》曰：风自火出，家人；君子以言有物而行有恒。

【译文】

《家人》卦：适宜女子守持正固。

《彖传》说："家人"，女子在家内居于正位，男子在外居于正位；男女各得其正位，是天地阴阳的大道理。家人有严厉的君主，乃是指父母。父亲尽父亲的职责，儿子尽儿子的职责，兄长尽兄长的职责，弟弟尽弟弟的职责，丈夫尽丈夫的职责，妻子尽妻子的职责，如此一来，家道自然能够端正；家道端正则天下太平。

《象传》说：风从火中产生，木和火是家人；君子说话应该注重事实依据，行动持之以恒。

笔 记

《明夷》卦谈的是事业受到伤害时应该选择适度回避，紧接着《家人》卦讨论的是回归家庭,寻求家族的安定团结。在传统思想之中,家庭的稳定决定着国家的稳定,古代先贤要治国首先要能够齐家,所谓"修身齐家治国平天下","齐家"是"修身"之后的第一要务。《家人》卦讲述的正是齐家之道。

家庭的稳定和幸福取决于什么?自然是"父父,子子,兄兄,弟弟,夫夫,妇妇",如果每个人都能够各司其职,做好自身应该承担的事务,家庭何愁不稳定?

要维护家庭的稳定,就必须做到"言而有物",不可信口开河;同时,要"行有恒",不可半途而废。

行动指南

企业稳定和家庭稳定的道理是一样的,关键在于每个人都能够各司其职。如果企业内每一位员工都能够恪尽职守,那么,企业的稳定与发展将是必然的。

星期三
治家需严

初九,闲有家,悔亡。

《象》曰:"闲有家",志未变也。

六二,无攸遂,在中馈,贞吉。

《象》曰:六二之吉,顺以巽也。

九三,家人嗃嗃,悔厉,吉;妇子嘻嘻,终吝。

《象》曰:"家人嗃嗃",未失也;"妇子嘻嘻",失家节也。

【译文】

初九,防止邪恶保有其家,悔恨消失。

《象传》说:"闲有家",在思想未产生变化前预防。

六二,妇人不敢自作主张,只是主管家中的饮食事宜,守持正固可获吉祥。

《象传》说:六二的吉祥,由柔顺谦逊所得。

九三,一家人神情端庄严肃,尽管有不少埋怨,但是吉祥;妇人孩童嘻嘻哈哈,最终必然有失礼节。

《象传》说："家人嗃嗃"，但没有失去规矩；"妇子嘻嘻"，有失礼节。

笔　记

"闲"，防也，指防止邪恶，即"闲邪存其诚"。

初九，处于《家人》卦之始，家道初立，应该防止邪恶，从而做到"悔亡"。问题的关键在于一定要志向稳定，不要轻易改变。

六二，象征家中的妇人。古人云：女子无才便是德。女性适宜主管家中的饮食事宜，而且应该守持正固，尽管没有什么成就，但是足以使一家人生活无忧而安乐。《象传》说"柔顺而谦逊所致"，可谓一语中的。

九三，传达的是治家须严的道理。一家人神情严肃端庄，尽管会遭到一些埋怨，乃至危险，但是最终仍然可以获得吉祥。平时嘻嘻哈哈，但是一旦遇到危害，家人便会作鸟兽散。

行动指南

治家与治理企业是一样的。管理企业时，如果不严格遵循各项管理制度，不要求员工们以严肃认真的态度对待自身的工作，必定会使大家丧失职业精神和积极的工作态度，最终会导致企业的发展遭遇挫折。

星期四

反求自身

六四，富家，大吉。

《象》曰："富家大吉"，顺在位也。

九五，王假有家，勿恤，吉。

《象》曰："王假有家"，交相爱也。

上九，有孚，威如，终吉。

《象》曰："威如"之吉,反身之谓也。

【译文】

　　六四,使家庭富裕,乃是大吉。

　　《象传》说:"富家大吉",是由于随顺而处在适当的位置上。

　　九五,君王用美德感化众人后保有其家,无须担忧,吉祥。

　　《象传》说:"王假有家",使人们相互爱护。

　　上九,有诚信,威严的样子,最终吉祥。

　　《象传》说:"威如"的吉祥,是由于能够约束自身得到的。

笔　记

　　六四,使家庭富裕,当然"大吉"。

　　九五,位居君王之位,需要以身作则。首先要具备美德,其次要用美德感化他人。做到了这两点,既可以维护自身的帝王之家,又可以使大众各自有家。如果做到这样,还有什么好担忧的? 而且真的做到了这一点,就完全可以做到墨子所说的"兼相爱"了。

　　上九,最值得管理者们参考。它对管理者提出了两项要求:一是要有诚信,不能言而无信;二是要保持威严,做到不怒而威。这就需要管理者对自身进行严格约束和管理,正如《象传》所说的"反身"。

行动指南

　　管理者总是在不断埋怨和责备下属,但是《周易》告诉我们,作为管理者需要以身作则,需要自我管理和约束;在指责下属时,"反求自身",强调自身的修为。所谓"修己"方可"安人",这正是中国式管理的精髓。

星期五
求同存异

　　《睽》:小事吉。

《彖》曰:睽,火动而上,泽动而下;二女同居,其志不同行。说而丽乎明,柔进而上行,得中而应乎刚,是以小事吉。天地睽而其事同也,男女睽而其志通也,万物睽而其事类也:睽之时用大矣哉!

《象》曰:上火下泽,睽;君子以同而异。

【译文】

《睽》卦:小心处事可获吉祥。

《彖传》说:"睽",火燃烧时火苗上窜,湖水是向下流动的;两个女子同居一室,但志向却不同。喜悦而附丽于光明,柔弱者向前进展而上行,处事符合中道并应合于刚健者,所以说小心处事可获吉祥。天地相背离但化育万物的事理相同,男女相背离但心意是相通的,万物相背离而种类相似:睽卦顺应时势的运作方式是多么宏大!

《象传》说:火在上面,湖泽在下面,象征背离;君子应该求同存异。

笔 记

"睽",背离之意。人类总是喜好聚合,而不喜分离。所以,《睽》卦尽管以"睽"命名,本质上却在揭示如何化背离为聚合。

卦辞曰:"小事吉。""小事"有两种解释:一,小的事件,相对于大事件而言;二,小心处事。因为《睽》卦处于背离状态,做事需要小心翼翼,方可获得吉祥,故此处选择第二种解释。

《彖传》中提到"二女同居",此"二女"乃指上下二卦,上卦为《离》,下卦为《兑》,两者的志向自然不同,所以说"志不同行"。

背离并非总是坏事,只要目标一致就足够了。正如"天地睽而其事同也,男女睽而其志通也,万物睽而其事类也",所以《象传》说"君子以同而异"。

行动指南

企业管理中存在不一样的思路和观念是正常的,管理者应该鼓励和肯定每一个人独特的思路和想法,只要这些思路和想法的目的是一致的——都是为了促进企业的良性发展。《睽》卦告诉管理者不要强求所有员工在所有方面都一致,而应该求同存异。

第二周

星期一
化解误会

初九，悔亡；丧马，勿逐自复；见恶人，无咎。

《象》曰："见恶人"，以辟咎也。

九二，遇主于巷，无咎。

《象》曰："遇主于巷"，未失道也。

六三，见舆曳，其牛掣；其人天且劓。无初有终。

《象》曰："见舆曳"，位不当也；"无初有终"，遇刚也。

【译文】

初九，悔恨消失；丢失良马，不需要找寻它自己会回来；与恶人见面，没有危害。

《象传》说："见恶人"，是为了避开激化矛盾的麻烦。

九二，在巷子里遇到主事的人，没有危害。

《象传》说："遇主于巷"，并没有违背规则。

六三，看见牛车艰难行走，拉的牛受到牵制无法前进；驾车者受过断发割鼻的刑罚。起初不好，最后却有结果。

《象传》说："见舆曳"，位置不当；"无初有终"，遇到刚健者。

笔 记

初九，丢失良马，最后可以不逐自复，可谓无咎。但是为什么要见恶人呢？是为了不至于使背离成为对立，是为了化解误会，所以《象传》说"以辟咎也"。

九二，在巷子里遇到主事的人，这只是一次偶遇，所以无咎。

六三，牛车艰难前行，驾车者曾受到断发割鼻的惩罚，可谓不妙。但是由于上九为阳爻，可以与之相互呼应，所以说"无初有终"。

行动指南

一时的背离，或是一时的观点不合并不可怕，可怕的是问题继续扩大，最终造成双方分道扬镳。所以，管理者应该多与意见不同者进行沟通，及时化解因为观点不一致而产生的误会。

星期二

不要胡思乱想

九四，睽孤；遇元夫，交孚，厉无咎。

《象》曰："交孚"无咎，志行也。

六五，悔亡，厥宗噬肤，往何咎？

《象》曰："厥宗噬肤"，往有庆也。

上九，睽孤，见豕负涂，载鬼一车，先张之弧，后说之弧；匪寇，婚媾；往遇雨则吉。

《象》曰："遇雨之吉"，群疑亡也。

【译文】

九四，在背离而孤独时，遇到刚健有为之人，相互信任，有危险但没有危害。

《象传》说："交孚"，可消灾，志向得以实行。

六五，悔恨消失，同宗之人在吃肉，前往有什么危害？

《象传》说："厥宗噬肤"，前往必有福庆。

上九，背离而孤独，看见猪背上都是泥巴，车上载满了鬼怪扮相的人，先是张开弓，后又放下弓；他们不是抢劫的匪徒，是前来订婚的队伍；前往时下雨就会吉祥。

《象传》说："遇雨之吉"，所有的疑惑都消除了。

笔 记

九四，孤单一人遇到了志同道合的有为之士，终于使得自身的志向得以实行。

六五,以阴居阳位,性格谦逊而柔和,所以没有危害,而且可以实行自身的志向,前往而没有任何危害。

上九,最值得深思,孤单远离群体而心生疑惑,甚至出现很多幻觉,"见豕负涂,载鬼一车",但幸好最终看清楚了。可见胡思乱想往往会酿成大祸,一旦上九看不清楚,或是过于相信自身的幻觉而将箭射出,就很可能造成终身悔恨。

行动指南

作为管理者一定要将一切分析清楚后再作决定,而不能胡思乱想,尤其不能只凭一己之见就胡乱决定,否则,将遭受挫败。

星期三
反身修德

《蹇》:利西南,不利东北;利见大人,贞吉。

《彖》曰:"蹇",难也,险在前也;见险而能止,知矣哉!"蹇,利西南",往得中也;"不利东北",其道穷也。"利见大人",往有功也;当位"贞吉",以正邦也。蹇之时用大矣哉!

《象》曰:山上有水,蹇;君子以反身修德。

【译文】

《蹇》卦:适宜走向西南,不适宜前往东北;适宜见到大人,守持正固可获吉祥。

《彖传》说:"蹇",艰难之意,危险在前方;见到危险而能够及时止步,可谓明智!"蹇,利西南",前往就能合宜;"不利东北",如果那样道路必将穷尽。"利见大人",前往能够建立功业;位置恰当"贞吉",可以摆脱艰难振兴国家。《蹇》卦顺应时势的运用可谓宏大!

《象传》说:山上有水,很艰难;君子应该反求于自身、努力修养道德。

笔 记

"蹇",艰难之意。《序》卦说:"乖必有难,故受之以《蹇》。"在《睽》卦的背离之后，一定会出现艰难险阻，《蹇》卦的用意正是告诉世人如何应对艰难险阻。

"利西南，不利东北"，《说》卦中说"坤为西南，艮为东北"。坤为地，艮为山，因为《蹇》卦说的是艰难险阻，所以不宜再往东北去，否则就是"险上加险"。

应对艰难险阻，《蹇》卦给我们的最大指导是"见险则止"。所谓"见险而能止，知矣哉"。同时，应该见到能够帮助自己脱离险阻的"大人"，这是迅速脱离险阻的好办法。当然，无论如何，身处险境最重要的是不断提升自身的修养品德。

行动指南

在企业发展遭遇困境时，领导者应该以退为进，积极寻找能够帮助自身脱离困境的合作伙伴，最重要的是领导者在困境之中仍然需要不断提升自身修养。

星期四
见险则止

初六，往蹇，来誉。

《象》曰："往蹇来誉"，宜待也。

六二，王臣蹇蹇，匪躬之故。

《象》曰："王臣蹇蹇"，终无尤也。

九三，往蹇，来反。

《象》曰："往蹇来反"，内喜之也。

【译文】

初六，前往有艰难险阻，归来可获赞誉。

《象传》说："往蹇来誉"，适宜等待时机。

六二，郡王的臣子遇到重重艰难险阻，不是为了一己的私利。

《象传》说："王臣蹇蹇"，最终没有危害。

九三，前往有艰难险阻，归来退居原来的居所。

《象传》说："往蹇来反"，内部人因此而欣喜。

笔 记

《蹇》卦的主旨是"见险则止"，初六、九三都迎合了这一主旨。

初六，前方有艰难险阻，归来可以获得赞誉，为什么？因为时机尚未成熟，适宜等待。

九三，同样如此，归来后居住在原先的居所。

六二，倒是值得探讨一番，六二对应九五，所以被称做"王臣"。王臣遭遇了重重险阻，但是最终却没有危害，是何原因？原来六二不是为了一己的私利，而是为了帮助九五走出困境而尽心尽职才遭遇重重险阻的。

行动指南

遇到困难时可以放慢脚步等待时机，当然，一旦真的陷入困境，也不必感到害怕和恐惧，而是应该努力奋争，尽心尽职帮助企业走出困境。

星期五
共迎危难

六四，往蹇，来连。

《象》曰："往蹇来连"，当位实也。

九五，大蹇，朋来。

《象》曰："大蹇朋来"，以中节也。

上六，往蹇，来硕；吉，利见大人。

《象》曰："往蹇来硕"，志在内也；"利见大人"，以从贵也。

【译文】

　　六四，前往有艰难险阻，归来遭遇接连的危难。

　　《象传》说："往蹇来连"，(六四)正当本实之位，(蹇难并非不招自来。)

　　九五，遭遇很大的艰难险阻，朋友们前来帮助。

　　《象传》说："大蹇朋来"，因为(九五)保持阳刚中正。

> 上六，前往有艰难险阻，归来可获得功业；吉祥，适宜见到大人。
>
> 《象传》说："往蹇来硕"，志向在于联合内部共同济难；"利见大人"，应当跟随尊贵的君主。

笔 记

六四，可谓糟糕透顶，前往有艰难险阻，后退也有艰险，可谓进退两难。为什么六四会如此呢？《象传》说"当位实也"，是它自身所处的位置引来的。

九五，大蹇却没有任何危害、悔恨，为什么？这是作《易》者告诫世人不可一味退却，在适当的时候也需要逆流而上，也需要置艰难险阻于不顾，努力抗争。前面的六二作为臣子已展现出尽心尽职的职业操守，如今作为领导者的九五自然也不能在艰难面前举手投降，而是应该号召众人共迎危难。

上六，依然传达了《蹇》卦的主旨："遇险则止"，但是上六的归来是为了团结内部力量共同应对危难。

行动指南

在企业发展过程中不可避免地会遭遇困难，问题的关键在于领导者应对困难的态度。真正成功的领导者面对困境应该毫不退缩，团结众人共同应对，为企业争取最大限度的发展和成功。

第三周

赦过宥罪

《解》：利西南；无所往，其来复吉；有攸往，夙吉。

《彖》曰："解"，险以动，动而免乎险，解。"解，利西南"，往得众也；"其来复吉"，乃得中也；"有攸往，夙吉"，往有功也。天地解而雷雨作，雷雨作而百果草木皆甲坼：解之时义大矣哉！

《象》曰：雷雨作，解；君子以赦过宥罪。

【译文】

《解》卦：适宜前往西南；没有危难无须前往，返回居所可获吉祥；有危难要前往，早行动可获吉祥。

《彖传》说："解"，危险时采取行动，行动是为了躲避危险，化解。"解，利西南"，前往可以获得众人支持；"其来复吉"，行为合宜适中；"有攸往，夙吉"，前往有功绩。天地之气化解开来，雷雨就会兴起。雷雨兴起，百果草木都将破土而出：《解》卦的顺势而动意义宏大！

《象传》说：雷雨兴起，象征舒解；君子应该赦免错误宽容罪过。

笔 记

《蹇》卦谈的是艰难险阻，任何艰难险阻都是需要化解的，所以接着我们就读到了《解》卦。"解"，化解之意，一切危难到了这时都应该化解了。

卦辞中"利西南"需要解释一下："坤"象征"西南"，"坤"又为"众"。在危难之时，最需要的便是他人的支持，所以说"利西南"。当然，没有危难就没有必要前往，所以"来复吉"。但是一旦发现危险，应该及早行动，以免危难深重而最终无法化解。

要化解危难，就必须对以往的问题进行总结。采取既往不咎的态度，重新开始。所以《象传》说：君子以赦过宥罪。

行动指南

作为管理者，应该胸怀宽广，不要总是抓住员工的错误不放。所谓"人非圣贤，孰能无过"，应该在员工犯错后为他们提供改正的机会，唯有如此，他们才能真正成长起来。

星期二
自我致戒

初六，无咎。

《象》曰：刚柔之际，义无咎也。

九二，田获三狐，得黄矢；贞吉。

《象》曰：九二贞吉，得中道也。

六三，负且乘，致寇至；贞吝。

《象》曰："负且乘"，亦可丑也；自我致戒，又谁咎也？

【译文】

初六，没有危害。

《象传》说：阳刚与阴柔相应交会之时，理应没有危害。

九二，打猎获得好多只狐狸，拾得黄色的箭矢；守持正固可获吉祥。

《象传》说：九二贞吉，得益于适中之道。

六三，背负着财物乘坐大车，必定招来匪徒的抢夺；守持正固以防伤害。

《象传》说："负且乘"，这种行为是值得羞愧的；由于自身的行为而招来兵戎之难，又能责怪谁呢？

笔 记

初六，处于危难初解之时，以柔居下，上与九四相应，何咎之有？朱熹在《周易本义》中说："难既解矣，以柔在下，上有正应，何咎之有？"

　　九二，以阳处阴位，可谓位不当，但是由于刚直处中，所以能够"田获三狐"，并"得黄矢"，建立功绩，所以"贞吉"。

　　六三，讲述的是盗贼是自己招来的。《系辞上》中孔子解说得很清楚："作《易》者其知盗乎？《易》曰'负且乘，致寇至。'负也者，小人之事也；乘也者，君子之器也。小人乘君子之器，盗思夺之矣；上慢下暴，盗思伐之矣。慢藏诲盗，冶容诲淫。《易》曰'负且乘，致寇至'，盗之招也。"其中的"小人"之说值得深思，能力没有达到却提前坐了君子的车，如此一来自然会引起他人的猜疑和想法，而匪寇自然也会前来。六三告诉我们，一切灾难都是自己招来的，所以应该恪守正道，不做违背良心道德之事。

行动指南

　　灾难通常都是由于经营不慎，或是违背经营之道而导致的。所以，经营者应该严格遵循经营规则，恪守商业道德，并研究探讨市场需求之道。

星期三
有孚于小人

　　九四，解其拇，朋至斯孚。

　　《象》曰："解其拇"，未当位也。

　　六五，君子维有解，吉；有孚于小人。

　　《象》曰："君子有解"，小人退也。

　　上六，公用射隼于高墉之上，获之，无不利。

　　《象》曰："公用射隼"，以解悖也。

【译文】

　　九四，像舒解大脚趾一样（摆脱小人的纠缠），朋友前来时就能够以诚信接待对方。

　　《象传》说："解其拇"，（九四）仍然没有处在适当的位置上。

六五，君子能够化解危难，吉祥；以诚信感化小人。

《象传》说："君子有解"，小人将畏服退避而去。

上六，王公用箭射盘踞在高墙上的凶鹰，擒获了它，无所不利。

《象传》说："公用射隼"，是在化解违背道义的过错。

笔 记

九四，仍然有一些危难，这些危难来自身边的小人。就像大脚趾受到牵制一般，只有摆脱小人的纠缠，才能在朋友面前保持诚信，否则小人会在中间搬弄是非、颠倒黑白。

六五，以阴居王位，说明该君王性格谦逊、温和。谦逊是解决问题的最佳方式，所以说"君子有解"。更重要的是六五还能够对小人保持诚信，秉承"宁可人负我，不可我负人"的处世原则，最终能够感化小人，使之转恶为善，这正是君王的高人之处。

上六，是在帮助六五化解内部因违背道义而产生的一些问题，用"隼"替代问题，一箭射中，说明解决问题干净利索，毫不拖泥带水。

行动指南

管理者应该帮助下属，对他们进行系统、完善的辅导和培训，使他们能够胜任自身的工作。同时，要对他们保持高度的诚信，以改变他们不负责任、得过且过的错误心态。

星期四
惩忿窒欲

《损》：有孚，元吉，无咎，可贞，利有攸往。曷之用？二簋可用享。

《象》曰："损"，损下益上，其道上行；损而"有孚，元吉，无咎，可贞，利有攸往"。"曷之用？二簋可用享"。二簋应有时，损刚益柔有时；损益盈虚，与时偕行。

《象》曰：山下有泽，损；君子以惩忿窒欲。

【译文】

《损》卦：心存诚信，最为吉祥，没有危害，可以守持正固，适宜有所前往。如何体现用途呢？两簋祭品就可以用来祭祀。

《彖传》说："损"，减损下位者增益上位者，它的原则是使下位者有所奉献于上位者；减损而能够"有孚，元吉，无咎，可贞，利有攸往。""曷之用？二簋可用享。"两簋祭品就可以用来祭祀是顺应时势的，减损刚健者增益阴柔者也是顺应时势的；事物的减损增益、盈满亏虚，都是与时势保持一致的。

《象传》说：山地下有湖泽，损；君子应该戒惕愤怒，杜绝邪欲。

笔 记

《序卦》说："缓必有所失，故受之以《损》。"化解的过程中一定会有所闪失，从而造成损失，《损》卦讨论的正是如何"减损"的问题。《象传》说："损下益上"，即减损下位者增益上位者。这里面涉及一个问题：下位者是自愿的，还是被逼的？如果是自愿的，而且上位者还始终保持诚信，则"元吉，无咎，可贞，利有攸往"。如果是被逼的，则可能是"官逼民反"，要出大问题，所以《象传》告诫上位者"惩忿窒欲"。

当然，损益都必须遵循自然之道，就像日出日落、月盈月亏一般顺应天时。

行动指南

作为企业的经营者，一定要注意有效管理自己的情绪而不轻易发怒，同时应该控制自身的欲望，不可过于贪婪，以免下属人心涣散。

星期五
已事遄往

初九，已事遄往，无咎；酌损之。

《象》曰："已事遄往"，尚合志也。

九二，利贞，征凶；弗损益之。

《象》曰：九二利贞，中以为志也。

六三，三人行，则损一人；一人行，则得其友。

《象》曰："一人行"，三则疑也。

【译文】

初九，完成了自我修养之后迅速前往辅助君王，没有危害；应当根据现状酌情减损自身的刚质。

《象传》说："巳事遄往"，与上位者志向吻合。

九二，适宜守持正固，急于求进有凶险；不用减损也可以增益（六五）。

《象传》说：九二利贞，应当以坚守中道作为自身的志向。

六三，三人同行欲求一阳，必定会减损一阳刚人；一人独行，则可以获得朋友。

《象传》说："一人行"，三人同行则会产生猜忌。

笔 记

初九，"巳事遄往"，"巳事"，意思是事情办完。那么，到底应该是什么事情办完了呢？《周易折中》指出："'巳事'之义，谓如'学优而后从政'之类。"即孔子所提倡的"学而优则仕"。当自身的道德修养达到一定程度之后，应该迅速前往辅助上位者。这是每个人都应该做的事。

九二，以阳刚之躯位居阴柔之位，不宜贸然行动，应该守持正固。由于六五是阴居阳位，两者对应，所以说"弗损益之"。

六三，强调的是专一，当三人同行去做同一件事，必定会互相猜疑，还不如一人独自前行。

行动指南

当我们掌握了能力和知识之后，应该积极努力地发挥自身的能力，唯有如此，人生的价值才能够得以体现。

第四周

星期一

弗损益之

六四，损其疾，使遄有喜，无咎。

《象》曰："损其疾"，亦可喜也。

六五，或益之十朋之龟，弗克违，元吉。

《象》曰：六五元吉，自上祐也。

上九，弗损益之；无咎，贞吉，利有攸往，得臣无家。

《象》曰："弗损益之"，大得志也。

【译文】

六四，减损他的疾病，使之能够迅速接纳阳刚而有喜庆，没有危害。

《象传》说："损其疾"，是值得喜悦的事。

六五，有人进献价值十朋的龟，不能够谢辞，最为吉祥。

《象传》说：六五元吉，是上天保佑获得的。

上九，不需要减损也可以增益；没有危害，守持正固可获吉祥，适宜有所前往，得到广泛的拥护而不限于一家。

《象传》说："弗损益之"，志向得到充分的展示。

笔记

六四，阴柔过度，所以要"损其疾"，有初九与之对应，所以"可喜"。

六五，收到他人的增益。"朋"是古代的一种计量单位，"十朋"指价值珍贵；"龟"乃增益品，收到价值珍贵的增益品又不能够谢辞，所以"元吉"。《象传》认为，这是上天的意愿，"自上祐之"。

上九，可谓高明之极，不需要减损他人就可以获得增益，自然"无咎，贞吉，利有攸往",而且"得臣无家"。

　　管理层不需要减损员工们的利益就可获得自身的收益。也就是说企业进入了良性发展阶段,每个人都体现了自身的价值,都在获取自身应该得到的那一部分。一家企业只有发展到这一步才能够称得上是良性经营。

星期二

见善则迁,有过则改

　　《益》:利有攸往,利涉大川。

　　《彖》曰:"益",损上益下,民说无疆;自上下下,其道大光。"利有攸往",中正有庆;"利涉大川",木道乃行。益动而巽,日进无疆;天施地生,其益无方。凡益之道,与时偕行。

　　《象》曰:风雷,益;君子以见善则迁,有过则改。

> **【译文】**
>
> 　　《益》卦:适宜有所前往,适宜渡过大河巨流。
>
> 　　《彖传》说:"益",减损上面的增益下面的,这样人民的喜悦就没有止境;从上面增益下面,这样的行为大为光明。"利有攸往",居中守正而有喜庆;"利涉大川",正如木舟之道可以通行。增益之时采取行动可以顺利,这种增益就可以日日增进而没有止境;就像天施降利惠、大地生养,增益可以抵达四面八方。凡是增益的法则,都是顺应时势而运行的。
>
> 　　《象传》说:风雷互动,益;君子应该看到善行就跟着去做,有了过错就立即改正。

　　"益",增益之意,与"损"是对应的,《序卦》说:"《损》而不已必《益》,故受之以《益》。"事物不可能一直减损下去,到了某种程度一定会有所增益。《损》卦是减损下位者,增益上位者;到了《益》卦就变得相反了,是减损上位者增益下位者了。一旦真正做到"损上益下",那么一定可以使得天下安定、人民喜悦,所以《象传》说:"民说无疆","其道大光"。

《益》卦对上位者(即君子)提出了更高的要求,能够甘愿减损自身而增益下属的确不是一般人可以做到的,但是,这也需要有一个循序渐进的过程,而基础就是《象传》所说的"见善则迁,有过则改"。

行动指南

作为管理者要将员工的收益视为企业经营的根本之一,时刻为员工考虑,只有员工们都能够积极投入到工作之中,企业才得以在市场立足。

星期三
不可无功受益

初九,利用为大作,元吉,无咎。

《象》曰:"元吉无咎",下不厚事也。

六二,或益之十朋之龟,弗克违,永贞吉;王用享于帝,吉。

《象》曰:"或益之",自外来也。

六三,益之用凶事,无咎;有孚中行,告公用圭。

《象》曰:"益用凶事",固有之也。

【译文】

初九,适宜有大的作为,最为吉祥,没有危害。

《象传》说:"元吉无咎",初九原本不适宜胜任大事,(如今却可以了。)

六二,有人赠送价值十朋的龟,不能够谢辞,长久正固可获吉祥;君王正在献祭天帝祈福,吉祥。

《象传》说:"或益之",这样的增益是从外部得来的。

六三，用增益去解救凶险之事，没有危害；心存诚信，行为适中，像手持玉圭虔诚地告知王公那样。

《象传》说："益用凶事"，这是原本的职责。

笔 记

初九，刚刚获得增益，所以可以大有作为。这种情况只会出现在《益》卦，所以《象传》说"下不厚事也"，即初九原本居于下位不能够胜任大事，但是在《益》卦之中却可以，所以"元吉，无咎"。

六二，有人赠送珍贵的增益品，不能够谢辞。但是这种增益是从外部得来的，是没有由来的，所以不能够自己享用，于是用来祭献天帝，由此才可获吉祥。

六三，同样如此，受到增益之后不可独自享用，而是用来解救凶险之事，并且内心虔诚地告知王公。六二、六三传达了同一个观点：不可无功收益。没有由来的增益应该将之转化为对他人的帮助，正所谓"无功不受禄"。

行动指南

作为管理者，通常会得到一些没有由来的收益，这时应该与大家共同分享。因为企业的发展是由众人共同推进的，而不是因为某个个人的能力。

星期四
有孚惠心

六四，中行，告公从，利用为依迁国。

《象》曰："告公从"，以益志也。

九五，有孚惠心，勿问元吉：有孚惠我德。

《象》曰："有孚惠心"，勿问之矣；"惠我德"，大得志也。

上九，莫益之，或击之；立心无恒，凶。

《象》曰："莫益之"，偏辞也；"或击之"，自外来也。

【译文】

六四,行为适中,告知王公心意可获听从,适宜依附君王迁移国都。

《象传》说:"告公从",可以增益自己的志向。

九五,心怀诚信并具有施惠天下的心愿,毫无疑问会极为吉祥;天下人也将心怀诚信报答君王的恩德。

《象传》说:"有孚惠心",毫无疑问会吉祥;"惠我德",是大的心志。

上九,没有人增益,有人攻击他;心意不能够持之以恒,有凶险。

《象传》说:"莫益之",偏移了增益的言辞;"或击之",这是从外部不招自来的凶险。

笔 记

六四,阴居阴位,位置适中,同时紧靠九五,所以九五对他言听计从,也能够施行一些大的愿望,甚至是"迁国"这样的大事。

九五,以阳刚位居君王之位,有诚信,胸怀天下,能够以人民安乐为根本,同时治政以德。这样一来,还有什么危害,自然是"元吉",而且由于是以人民为中心,所以人民也给予其充分的回报,如此,"大得志也"。

上九,因为脱离了群众,位居《益》卦之终,所以没有人愿意增益他,反而有人去攻击他,看来远离群众终究不是一件好事。

行动指南

管理者如果能够时刻听取下属意见,同时尊重、关怀下属,就一定可以使自身的企业获得意料之中的成功。

星期五

施禄及下,居德则忌

《夬》:扬于王庭,孚号有厉;告自邑,不利即戎;利有攸往。

《彖》曰:"夬",决也,刚决柔也;健而说,决而和。"扬于王庭",柔乘五刚也;"孚号有厉"，其危乃光也；"告自邑，不利即戎"，所尚乃穷也；"利有攸往"，刚长乃终也。

《象》曰：泽上于天，夬；君子以施禄及下，居德则忌。

【译文】

《夬》卦：（将决定）在官殿大堂之上宣告出来，心怀诚信地告诉大家有危险存在；应当在邑城上下颁布号令，不适宜发动战争；适宜有所前往。

《彖传》说："夬"，决断之意，刚健者决断制裁阴柔小人；刚健行动而令人喜悦，决断而使众人和睦。"扬于王庭"，阴柔者乘驾于五阳爻之上；"孚号有厉"，它的危害已经可以看得到了；"告自邑，不利即戎"，武力制裁之道是没有出路的；"利有攸往"，阳刚之气生长最终必定能战胜阴柔。

《象传》说：湖泽水化气上升在天上，夬；君子应该施降恩泽给下属，不要以有德自居。

笔　记

"夬"，决断之意。当问题出现之时，一定需要有人来决断，否则问题永远无法得以解决。《夬》卦讲述的正是决断之道。卦辞中有三点值得注意：一是"扬于王庭"，为什么要如此？因为决断必须公开化，私底下的决断往往会有失公正；二是"孚号有厉"，在问题没有得到最终决断之前，告诉大家要防止危害，因为有人想要改变决断结果必定会从中捣乱；三是"不利即戎"，决断需要建立在道义之上，而不是以强弱作为判断，所以不能以武力征服来决断。

《夬》卦同时还提醒位居高位者：应该与下属们分享利益，同时不要自视甚高，认为一切功绩都是因为自身而获得的。

行动指南

管理者在决断问题时应该注意三点：一，结果公开化；二，提醒大家问题有可能会延伸；三，不要凭借手中的权力而主观臆断，应该根据事实情况作出决断。

同时，管理者还必须懂得，与下属共同分享的不仅仅是利益，还有功德。

积小以高大

星期一

夬夬独行

初九,壮于前趾,往不胜为,咎。

《象》曰：不胜而往,咎也。

九二,惕号,莫夜有戎,勿恤。

《象》曰："有戎勿恤",得中道也。

九三,壮于頄,有凶;君子夬夬独行,遇雨若濡,有愠,无咎。

《象》曰："君子夬夬",终无咎也。

【译文】

初九,足趾前端强盛,前往不能够获得胜利,反而有危害。

《象传》说:不能够获得胜利而前往,有危害。

九二,警惕而呼号,尽管夜晚有战事(也能应付),不用担忧。

《象传》说:"有戎勿恤",行为符合中正之道。

九三,强盛体现在颧骨上,有凶险;君子刚毅果断地选择独自前行,遇到雨水打湿衣服,受到他人的怨恨,但终究没有危害。

《象传》说:"君子夬夬",最终将制服小人而避免危害。

笔 记

初九,足趾前端强壮,说明有蠢蠢欲动之势,可是贸然行动通常不会有所收获,反而招来危害,所以说"往不胜为,咎"。

九二,时刻保持警惕呼号,即便是受到他人的偷袭也不会有什么危害,这样的行为是符合中正之道的。这与《周易》一直强调的谨慎是一致的。

九三,尽管有凶险,但是君子依然以刚健之躯果断独自前行,一切目的是为了使决断明朗。尽管途中遇雨，打湿了衣物，同时还受到小人的怨恨，但是因为行为符合正义，所以最终没有危害。

行动指南

很多时候，要公平公正地作出决断并不容易，通常会受到他人的指责和怨恨，但是管理者应该坚持原则，要相信经过自己深思熟虑的判断，果断作出决定。

星期二

小人不可长

九四，臀无肤，其行次且；牵羊悔亡，闻言不信。

《象》曰："其行次且"，位不当也；"闻言不信"，聪不明也。

九五，苋陆夬夬，中行无咎。

《象》曰："中行无咎"，中未光也。

上六，无号，终有凶。

《象》曰："无号之凶"，终不可长也。

【译文】

九四，臀部失去皮肤，行走十分艰难；牵着羊走可以使悔恨消失，可是听到了这样的话却不相信。

《象传》说："其行次且"，九四位置不恰当；"闻言不信"，九四的智慧还不足够判明事理。

九五，像斩除苋草一样果断坚决，居中行正没有危害。

《象传》说："中行无咎"，中正之道还没有得到发扬光大。

上六，呼号也无济于事，最终必然有凶险。

《象传》说："无号之凶"，上六居高在上的状态终究不可以长久。

笔 记

九四，阳居阴位，不利，所以"其行次且"，而且由于刚愎自用，不能够听从他人的劝说,"闻言不信",最终追悔莫及。

九五,身居君王之位,需要利落决断,但是爻辞并没有称九五为"吉",只是说"中行无咎"。为什么?因为"中未光也",尚需继续努力。

上六,是《夬》卦中唯一的小人,随着阳气不断上升,最终必定会遭到制裁,所以爻辞称之为"无号之凶",呼号也无济于事,最终必然会被裁决。上六告诉我们,小人终究不可以长久,最终必定是邪不压正。

行动指南

小人即使一时处于领导位置,最终也会受到指责而下台。所以要成为优秀的管理者,品德修养是极其重要的,无德无才者即使占据了管理位置也必定不会长久。

星期三
施命诰四方

《姤》:女壮,勿用取女。

《彖》曰:"姤",遇也,柔遇刚也;"勿用取女",不可与长也。天地相遇,品物咸章也;刚遇中正,天下大行也。姤之时义大矣哉!

《象》曰:天下有风,姤;后以施命诰四方。

【译文】

《姤》卦:如果女子过于强壮,则不宜娶作妻室。

《彖传》说:"姤",相遇之意,阴柔者遇到刚健者;"勿用取女",不可以与之长相厮守。天与地相遇,各类事物都能够彰显生机;刚健者若遇到居中守正的机会,天下一切可以顺利进展。《姤》卦顺应时势的道义真是宏大!

《象传》说:天下有风吹动,姤;君王应该发布命令,诏告四方。

笔 记

《姤》卦与《夬》卦是相应的,《夬》卦是一阴处于卦终,《姤》卦是一阴处于卦始。

卦辞透露出作《易》者"褒阳抑阴"的思想,这是一种传统的观念,即女子不宜过于强壮能干。

"姤"乃"相遇"之意,自然是初六一阴与诸阳相遇,但是相遇也必须遵循相遇之道,不可随意乱遇,应该避免不正之遇,所以说"勿用取女"。但是,刚健者一旦遇到发挥才能的机会,就应该顺时而发,从而使天下人安居快乐。

行动指南

管理者在分配任务时一定要注意公开化、透明化,使每一个人都能理解自身的工作职责,同时了解他人的工作内容以及自己的工作在整个企业经营中的重要作用。

星期四
牵物而行

初六,系于金柅,贞吉;有攸往,见凶,羸豕孚蹢躅。

《象》曰:"系于金柅",柔道牵也。

九二,包有鱼,无咎;不利宾。

《象》曰:"包有鱼",义不及宾也。

九三,臀无肤,其行次且;厉,无大咎。

《象》曰:"其行次且",行未牵也。

【译文】

初六,紧紧系结在大车前的金属杠杆上,守持正固可获吉祥;急于求成有所前往,必有凶险,像羸弱的猪般徘徊不定。

《象传》说:"系于金柅",柔顺者适宜受阳刚者的牵制。

九二,厨房中有鱼,没有危害;不适宜宴请宾客。

《象传》说:"包有鱼",理应不擅自宴请宾客。

九三,臀部没有皮肤,行走十分艰难;有危害,没有大的伤害。

《象传》说:"其行次且",九三的行为没有牵制他物。

笔 记

初六，阴居《姤》卦之始，所以要牵着稳固的东西，所以爻辞说"系于金柅"，一旦牵着稳固的东西，还能够守持正固，就可以获得吉祥。

九二，厨房中有鱼，但不是为宾客准备的，所以只能供家人享用，而无法招待宾客，说明九二能自保其身已属不易，又如何帮助他人？

九三，爻辞与《夬》卦的九四类似，同样应该牵着一个稳固的东西，《夬》卦九四还有人建议牵着羊前行，而《姤》卦九三因为处于下卦之终，无物可牵，所以"厉"，幸好并无大碍。

行动指南

在困难之中前行时，一定要有所依靠，否则会遭遇危害。企业经营同样如此，在遭遇困难时，一定要找到可以帮助企业渡过困境的资源和人脉。

星期五
感动天地

九四，包无鱼，起凶。

《象》曰："无鱼之凶"，远民也。

九五，以杞包瓜；含章，有陨自天。

《象》曰："九五含章"，中正也；"有陨自天"，志不舍命也。

上九，姤其角；吝，无咎。

《象》曰："姤其角"，上穷吝也。

【译文】

九四，厨房里失去一条鱼，发起行动有凶险。

《象传》说："无鱼之凶"，在于远离人民，失去民心。

九五，用杞树叶子包裹瓜果；内心蕴藏美德，有理想的遇合者从天而降。

《象传》说："九五含章"，行为符合中正之道；"有陨自天"，九五的心志是不放弃使命。

上九，遇到空荡的角落，有困难，没有危害。

《象传》说："姤其角"，上九居上却因找不到去路遭遇困难。

笔　记

九四，没有储备力量，何以发起行动？正所谓："兵马未动，粮草先行"，粮草不备，兵马自然不能行动，否则行动必然遭遇凶险。《象传》以九四脱离群众来解释，道理是说得通的。

九五，坚持正道，美德藏于心，最终因为自身的行为感动了天地，从而"有陨自天"，上天赐予他一个美好的遇合者。

上九位于《姤》卦之终，呈脱离大众之象，所以爻辞用"角"来表示，已经没有任何去路了，所以"吝"。

行动指南

在困难之中仍然能够坚持正道，保持品德，这样的企业经营者一定能够获得他人的支持和帮助，最终走出困境。

第二周

除戎器，戒不虞

《萃》：亨，王假有庙；利见大人，亨利贞；用大牲吉，利有攸往。

《彖》曰："萃"，聚也；顺以说，刚中而应，故聚也。"王假有庙"，致孝享也；"利见大人亨"，聚以正也；"用大牲吉，利有攸往"，顺天命也。观其所聚，而天地万物之情可见矣！

《象》曰：泽上于地，萃；君子以除戎器，戒不虞。

【译文】

《萃》卦：亨通，君王祭祀于宗庙；适宜见到大人，亨通而适宜守持正固；用大牲口祭祀可获吉祥，适宜有所前往。

《彖传》说："萃"，聚集之意；柔顺而喜悦，刚健者居中而上下应合，所以说聚集。"王假有庙"，尽到孝道可以亨通；"利见大人亨"，聚集在一起时符合正道；"用大牲吉，利有攸往"，顺应天命。观察各类事物的相聚，就可以看出天地之间万事万物的性情了！

《象传》说：湖泽在大地之上，萃；君子应该修治兵器，以防不测。

笔　记

"萃"，聚集之意。《序卦》说："物相遇而后聚，故受之以《萃》，萃者，聚也。"相遇之后，就会产生聚集。卦辞中两次强调祭祀，这证明古代人聚集以祭祀为核心。

"方以类聚，物以群分"，这是自然界万事万物的聚集之道，在《萃》卦中同样得到充分的体现。《萃》卦既揭示了自然界的聚集之道，还揭示了人与人之间的聚集之道。所谓聚集之道事实上强调三点，这三点在《象传》中说得很清楚：一，讲求孝道，孝道是稳定家庭的基础，家庭稳定国家就会稳固，所以孝道极其重要，而且只有讲求孝道,才能聚集家族力量;二,聚集必须符合正道,不义之聚最终必定会导致落草为寇;三,顺应天命,该聚则聚,当散则散,决不可违背天时。

当然,在人群聚集时,管理者们必须要慎重提防,以防一些居心叵测之人成群结派、图谋不轨,所以《象传》说"君子以初戎器,戒不虞"。

行动指南

在企业内,一旦内部人员成群结派,往往会导致企业内部管理混乱,甚至出现争权夺利的情形,这时管理者必须要制定明确的制度和政策,同时对这类现象要采取谨慎的态度,一旦发现立即制止,以防矛盾激化导致企业经营动荡。

星期二
有孚不终,乃乱乃萃

初六,有孚不终,乃乱乃萃;若号,一握为笑:勿恤,往无咎。

《象》曰:"乃乱乃萃",其志乱也。

六二,引吉,无咎;孚乃利用禴。

《象》曰:"引吉无咎",中未变也。

六三,萃如,嗟如,无攸利;往无咎,小吝。

《象》曰:"往无咎",上巽也。

【译文】

初六,心怀诚信但不能持之以恒,行动散乱,与人妄聚;如果专情呼号,一握手就重见欢笑;不要担忧,前往没有危害。

《象传》说:"乃乱乃萃",因为(初六)心志混乱。

六二,受人牵引着相聚,吉祥,没有危害;心怀诚信可以举行春祭。

《象传》说:"引吉无咎",居中位之心志保持不变。

六三,聚集的样子,叹息的样子,无所利益;前往没有危害,只有小的遗憾。

《象传》说:"往无咎",因为顺从于上位者。

笔 记

初六,强调聚集一定要拥有诚信,没有诚信,必定不能聚集众人;有了诚信而不能持之以恒,就只能导致一会儿散乱、一会儿聚集,也只能是一群乌合之众,终究不堪一击。为什么初六会出现这种情况呢?因为心意不明确,志向也动荡不安,所以无法保持诚信。

六二,不是自身愿意聚集,而是受他人牵引前来聚集的,但是由于位置居中,而且保持谦逊,所以没有危害,甚至可以获得吉祥。

六三,位于下卦之终,无人与之聚集,幸好位置处于九四、九五之下,只要能够顺从于上位者,也可以做到"无咎"而终。

行动指南

作为领导者一定要明确自身的志向,坚定心志,并始终保持诚信。只有这样,才能够凝聚他人的力量,一起开创事业。

星期三
无信不聚

九四,大吉,无咎。

《象》曰:"大吉无咎",位不当也。

九五,萃有位,无咎,匪孚;元永贞,悔亡。

《象》曰:"萃有位",志未光也。

上六,赍咨涕洟,无咎。

《象》曰:"赍咨涕洟",未安上也。

【译文】

九四,大为吉祥,没有危害。

《象传》说:"大吉无咎",位置不恰当。

> 九五，聚集众人并且占据高位，没有危害，但还没能广泛取信于人；君长如若永远守持正固，那么悔恨必将消失。
>
> 《象传》说："萃有位"，九五会聚天下的志向没有得到光大。
>
> 上六，悲伤叹息泪流满面，没有危害。
>
> 《象传》说："赍咨涕洟"，上六求聚不得，没有能够安居在上位。

笔　记

九四，爻辞很值得回味："大吉"之后"无咎"，既然"大吉"又何来"无咎"？而且《象传》的解释也令人费解：位不当也。大吉者还有位不当之理？原来九四以阳居阴位，可谓位不当，但是因为九四位置较好，可以聚合初六、六二、六三，所以大吉，也正因为九四聚合三阴二大吉方可避免危害，故"无咎"。

九五，尊位，能够聚合众人，但是由于心中缺乏诚信，所以无法做到"吉祥"，反而是"志未光也"，仅仅依靠位置的尊贵而聚集他人是不够的，管理者还必须保持诚信，长久地守持正固，方可真正凝聚人心。

上六，位居卦中，无人可以聚合，所以只能整日悲伤叹息。

行动指南

很多管理者认为掌握了权力就可以命令他人，事实证明这是错误的观点。真正优秀的管理者都是依靠自身的诚信和品德而赢得下属的尊重的，通过以身作则、言而有信激发下属的工作热情和积极性。

星期四

积小以高大

《升》：元亨，用见大人，勿恤，南征吉。

《彖》曰：柔以时升，巽而顺，刚中而应，是以大亨；"用见大人，勿恤"，有庆也；"南征吉"，志行也。

《象》曰：地中生木，升；君子以顺德，积小以成高大。

【译文】

《升》卦：最为亨通，可以用来去见大人，不要担忧，向南方行走可获吉祥。

《彖传》说：柔顺者依着时势而不断上升，谦逊而顺利，刚健者居中位而向上应合于尊者，所以说大为亨通；"用见大人，勿恤"，此时上升为喜庆之事；"南征吉"，志向得到实行。

《象传》说：地中生长出树木，升；君子应该顺势修养品德，不断积累而成就大业。

笔　记

"升"，上升之意，聚集之后必定要发展，作《易》者用"升"来表示向前发展，所以《升》卦探讨的是事物顺势而升的道理。"上升"要注意三点：一，顺应时势，不可逆势而为，否则只会白费力气而一无所获；二，保持谦逊，不可张扬，否则会遭到他人的排斥和挤压，从而错过上升之势；三，要懂得积少成多的道理，上升不可能是一蹴而就的，必须经过不断的积累才可以达到，因此，决不可急于求成。

当然，"上升"的一个根本前提是"德"，没有"德"，即便是上升到顶端，也会掉下来，所以《象传》强调"君子以顺德"。

行动指南

企业的发展和壮大是在不断积累的过程之中做到的，因此，作为管理者一定不可操之过急，切忌采取盲目冲动的发展措施和策略，而是应该带领团队稳扎稳打，步步为营。

星期五
孚则有喜

初六，允升，大吉。

《象》曰："允升大吉"，上合志也。

九二,孚乃利用禴,无咎。

《象》曰：九二之孚,有喜也。

九三,升虚邑。

《象》曰："升虚邑",无所疑也。

【译文】

初六,适宜不断上升,大为吉祥。

《象传》说："允升大吉",与上位者志向吻合。

九二,心怀诚信可以举行春祭,没有危害。

《象传》说：以九二的诚信美德,将有喜庆之事发生。

九三,上升顺利有如进入无人之境。

《象传》说："升虚邑",九三此时上升没有任何疑虑。

笔 记

初六,阴居阳位,而且位于《升》卦之始,所以应该不断上升,只有不断提升才华才可以得到关注和运用,所以大吉。

九二,阳居阴位,位置不当,但是因为九二心怀诚信,所以不但可以获得提升,还可以主持春天的祭祀活动,《升》卦之九二再一次强调了诚信的重要性。

九三,即将一路飙升,如入无人之境,可谓上升速度极为迅速。为什么九三可以做到这一点? 因为没有任何人会猜疑他。所以,要取得迅速的上升,必须赢得他人的信任,这样才能达成志向。

行动指南

《升》卦再一次告诉我们诚信的重要性,一个人或是一家企业要发展要成长,就必须赢得他人和消费者的信任。而赢得外界信任的办法只有一个：自身始终保持诚信。

步步高升

六四,王用享于岐山,吉,无咎。

《象》曰:"王用享于岐山",顺事也。

六五,贞吉,升阶。

《象》曰:"贞吉升阶",大得志也。

上六,冥升,利于不息之贞。

《象》曰:"冥升"在上,消不富也。

【译文】

　　六四,君王在岐山举行祭祀,吉祥,没有危害。

　　《象传》说:"王用享于岐山",六四应顺应时势做事。

　　六五,守持正固可获吉祥,沿着台阶步步高升。

　　《象传》说:"贞吉升阶",志向得到充分的实行。

　　上六,在昏暗中上升,适宜不停息地守持正固。

　　《象传》说:"冥升"居于上位,说明上六的发展势头必将消退而不能富盛。

笔　记

　　六四,君王做了一件应该做的事情,所以吉祥而没有危害。这看似无所谓,事实上很重要,将该做的事情做好,才能靠近成功。

　　六五,以阴居阳位,象征谦逊,所以可以守持正固。一旦做到这一点,就可以步步高升,取得持续稳定的发展,由此一来,志向将终于得以实现。

　　上六,位于《升》卦之终,已没有可"升"之处了,只能在昏暗中摸索。

行动指南

用心经营的根本则在于做好与企业发展相关的每一件事,并需要管理者不断提升自身和下属的能力与责任心。

星期二
致命遂志

《困》:亨;贞,大人吉,无咎;有言不信。

《彖》曰:"困",刚掩也。险以说,困而不失其所亨,其唯君子乎!"贞,大人吉",以刚中也;"有言不信",尚口乃穷也。

《象》曰:泽无水,困;君子以致命遂志。

【译文】

《困》卦:亨通;应当守持正固,大人可获吉祥,没有危害;(处于危难时期),此时说话他人不能够相信。

《彖传》说:"困",刚健者受到抑制。身处险境而内心喜悦,虽处困境也不能够失去应得的亨通,只有君子才可以做到吧!"贞,大人吉",以刚健之躯位于中位;"有言不信",崇尚言辞就会无路可走。

《象传》说:湖泽内没有水,困;君子宁可舍弃性命也要实现志向。

笔 记

《困》最合我意,即便是身处困境也要努力奋争,哪怕是付出生命也在所不惜,这才是真正的儒家,才是真正的入世者,才是真正的"自强不息"。很多人在困难面前总是退缩,甚至不战而逃,这样的人只有一个结局:失败。而成功属于什么人?自然属于那些迎着困难奋勇作战的人,《困》卦正是告诉了世人在困难之中应该恪守正道、努力奋斗,如此必定可以获得最后的胜利,从而取得吉祥。

面对困难应该做到以下几点:一是恪守正道,不能因为陷入困境就背离道德;

二是保持乐观的心态,相信"明天会更好";三是少说多行动,即使说了他人也未必相信,这时最重要的是采取行动,直到走出困境为止。

行动指南

很多企业在面对困难时,往往会不战而溃,但是成功只属于那些勇于拼搏、迎着困难奋勇前进的企业。困难并不可怕,可怕的是自身丧失了奋斗的勇气和决心。

举凡成功者大都是从困境之中走出来的,他们始终保持越挫越勇的心态,并最终赢得胜利。

星期三
困于酒食

初六,臀困于株木,入于幽谷,三岁不觌。

《象》曰:"入于幽谷",幽不明也。

九二,困于酒食,朱绂方来,利用享祀;征凶,无咎。

《象》曰:"困于酒食",中有庆也。

六三,困于石,据于蒺藜;入于其宫,不见其妻,凶。

《象》曰:"据于蒺藜",乘刚也;"入于其宫,不见其妻",不详也。

【译文】

初六,臀部困陷于株木之中,只能退入幽暗的山谷,三年不能露面。

《象传》说:"入于幽谷",苟且藏身于幽暗,不能够明朗。

九二,受困于酒食匮乏,荣华富贵刚刚到来,适宜举行祭祀;前往有凶险,但没有危害。

《象传》说:"困于酒食",居中位而有喜庆之事。

六三,受困于巨石,背靠在荆棘之上;进入自己的宫中,看不见妻子,有凶险。

《象传》说:"据于蒺藜",(六三)乘(九二)的刚健之躯;"入于其宫,不见其妻",情势不妙。

笔 记

初六，阴居阳位，而且处于《困》卦之始，很难挣脱困境，所以被困囚于幽谷之中，三年都不能够露面。其实这倒也不是什么坏事，刚好可以不断完善自身的品德和才能，等待机会一展才华。

九二，"困于酒食"，连生活都存在问题时往往最能体现一个人的气节。在遭遇生存问题时能保持原则、恪守正道、不违背自身志向的人，最终必成大器。所以，"朱绂方来，利用享祀"，这有点类似于诸葛亮隐居，最终受到刘备的三顾茅庐而出山。一旦决定出山必然会遭遇凶险，但是因为自身的能力和品德，往往总能够化险为夷，所以"无咎"。

六三，阴居阳位，而且处于下卦之终，位置很不当，所以回到家中连自己的妻子都看不见，可见是多么凶险。

行动指南

企业一时收益不佳并不可怕，问题的关键在于面对这些困难，能否保持正确的经营之道，始终以消费者的利益为导向。如果为了短暂的利益出卖商业道德和企业品牌，得不偿失。

星期四
及时悔悟

九四，来徐徐，困于金车，吝，有终。

《象》曰："来徐徐"，志在下也；虽不当位，有与也。

九五，劓刖，困于赤绂；乃徐有说，利用祭祀。

《象》曰："劓刖"，志未得也；"乃徐有说"，以中直也；"利用祭祀"，受福也。

上六，困于葛藟，于臲卼；曰动悔有悔，征吉。

《象》曰："困于葛藟"，未当也；"动悔有悔"，吉行也。

【译文】

九四,缓缓前来,受困于金车,有遗憾,但最终会有结果。

《象传》说:"来徐徐",志向在于与下(初六)相应;虽然不在适合的位置上,但有人与之相互应合。

九五,以削鼻截足的刑罚来治理国家,因此受困于荣华富贵;可以渐渐摆脱困境获得喜悦,适宜举行祭祀活动。

《象传》:"劓刖",志向没有得到实行;"乃徐有说",守持中正刚直之道;"利用祭祀",能够受到上天的福赐。

上六,受困于藤蔓之间,处于动荡不安之中;行动有悔恨应尽快悔悟,前行可获吉祥。

《象传》说:"困于葛藟",所处的位置不适宜;"动悔有悔",(及时悔悟)是吉祥的行为。

笔 记

九四,阳处阴位,所以《象传》说"不当位",但是能够与初六有所应合,所以"有终"。九四告诉我们,在困境之中要注意团结下属,使上下同心一致,共同应对困难。

九五,身为领导者,必定首先受到困难的冲击,但是身为领导者,又不能置之不管,所以必须坚守岗位,以中正刚直的行为使逐渐脱离困境。同时,进行祭祀活动凝聚人心,向众人传达困难终将过去的信息。

上六,位居《困》卦之终,位置极高,所以动荡不安,但是由于能够及时悔悟,最终获得吉祥。这告诉我们在困难之中不可急于求成,更不可盲目冲动,一旦发现采取了错误的方法,应该及时改正。

行动指南

"病急乱投医"往往是很多管理者的举动,可是这样只会导致问题越来越严重。作《易》者告诉我们,一旦发现采取了错误的方法时,要及时改正,调整策略,以期企业能顺利走出困境。

星期五
劳民相劝

《井》：改邑不改井，无丧无得，往来井井。汔至亦未繘井，羸其瓶，凶。

《彖》曰：巽乎水而上水，井；井养而不穷也。"改邑不改井"，乃以刚中也；"汔至亦未繘井"，未有功也；"羸其瓶"，是以凶也。

《象》曰：木上有水，井；君子以劳民劝相。

【译文】

《井》卦：城镇可以改移，水井却不可迁移，井水不见多也不见少，人来人往都需要依靠井水为生。汲水时到了井口还没有出井，水瓶破碎，会有凶险。

《彖传》说：顺沿水的特性而引水，井；井水养人的功德没有穷尽之时。"改邑不改井"，是因为刚健者居于中位；"汔至亦未繘井"，还没有到达功成名就之时；"羸其瓶"，所以有凶险。

《象传》说：树木上端有水汽产生，象征井；君子应该慰劳百姓，劝勉人民。

笔　记

《井》包含着极其重要的道理：济世济人。《井》卦以井为象征来说明济世济人的道理和方式。首先，水井是不会被移走的，它永远都会在那里滋养人们，也不会向人们要求什么；同时，无论对象是谁都会一视同仁地给予滋养。被作《易》者如此一说，水井真的可以称得上伟大了。所以，《象传》说："井养而不穷也。"

《井》卦同时还讲述了修养"井德"的原则和方法：一要刚健中直，不可优柔寡断；二不可半途而废；三要小心谨慎。

以水井的品德为参照，君子应该慰劳百姓，劝勉人民。

行动指南

作为管理者应该充分展现水井一样的品德，要时刻关注员工，对他们做出的努力及时进行肯定和奖赏，同时要不断地勉励、激发他们。

第四周

星期一

井渫不食，为我心恻

初六，井泥不食，旧井无禽。

《象》曰："井泥不食"，下也；"旧井无禽"，时舍也。

九二，井谷射鲋，瓮敝漏。

《象》曰："井谷射鲋"，无与也。

九三，井渫不食，为我心恻；可用汲，王明并受其福。

《象》曰："井渫不食"，行恻也；求"王明"，受福也。

【译文】

初六，满是淤泥的井水不能食用，这口老旧而废弃的井连鸟兽也不屑一顾。

《象传》说："井泥不食"，(初六)位置居于下方；"旧井无禽"，因为过时而被舍弃。

九二，井中有积水向下流注，水罐破漏。

《象传》说："井谷射鲋"，(九二)无人应合。

九三，水井治理干净却无人饮用，使我内心感到悲伤；应该马上汲水饮用，君王英明，众人由此受到福泽。

《象传》说："井渫不食"，行为不被理解令人悲伤；祈求"王明"，是为了让君臣共同受到福泽。

笔 记

初六，阴处卦始，位置极低，所以作《易》者用"满是淤泥"来形容，并且是一口老旧且被舍弃的老井，连鸟兽都不会光顾，没有任何可取之处。

九二，阳居阴位，上与九五不合，所以无应。

九三值得深思。"井渫不食"，已经治理干净的井水却没有人使用。就像一个人品德、才能都非常出色，并且为人所知，可是却没有人为他提供发挥才能的机会，从而怀才不遇导致内心悲伤。所以，九三祈求上位者能够英明地发现自身的才华，进而任用自己。九三代表了那些有能力辅佐君王却没有得到重用的人。

行动指南

作为管理者应该关注下属的品德、能力，一旦发现他们能够胜任某项工作，就为其提供适当的空间和职责，使他们发挥自身的能力，从而促进企业发展。

星期二
寒泉之食

六四，井甃，无咎。
《象》曰："井甃无咎"，修井也。
九五，井洌，寒泉食。
《象》曰："寒泉之食"，中正也。
上六，井收，勿幕；有孚，元吉。
《象》曰："元吉"在上，大成也。

【译文】
六四，水井正在修治，没有危害。
《象传》说："井甃无咎"，正在修井。
九五，井水清澈，洁净的寒泉可供饮用。
《象传》说："寒泉之食"，具备中正的美德。
上六，修治水井的任务已经结束，不用覆盖井口；心怀诚信，最为吉祥。
《象传》说："元吉"在上六，取得大的成就。

笔 记

六四，正在修井，还没有到滋养他人的地步，说明目的是明确的，而且已经在准备,所以"无咎"。

九五,位置得当,而且的确具备滋养他人的能力和品行,所以可以饮用。九五象征有德的君王,能够遵循正道并使人民安居乐业。

上六,尽管位居《井》卦之终,但阴柔之身甚为谦逊,加上心怀诚信,所以"元吉"。而且水井修治好之后,开敞井口让众人饮用,泽被众人,值得称赞。

行动指南

领导者应该像"寒泉"一般恪守正道、修养品德,最终能够使员工们乐于工作、享受工作,并且得到应得的利益回报。

星期三
治历明时

《革》:己日乃孚,元亨,利贞,悔亡。

《彖》曰:"革",水火相息;二女同居,其志不相得,曰革。"己日乃孚",革而信之;文明以说,大亨以正,革而当,其悔乃亡。天地革而四时成;汤武革命,顺乎天而应乎人:革之时大矣哉!

《象》曰:泽中有火,革;君子以治历明时。

【译文】

《革》卦:在转变之日举行(改革)并且保持诚信,最为吉祥,适宜守持正固,悔恨消失。

《彖传》说:"革",水与火相长;两个女子同居一室,但志向不一致,终将变革。"己日乃孚",顺时发动改革并且取得众人信任;文明而能喜悦,大为亨通而守持正道,改革适宜,悔恨自然就会消失。天地变革使得四季生成;汤、武举行革命,顺应天时而且符合人民的需要:《革》卦顺应时势可谓宏大!

《象传》说:湖泽之中有火,象征变革;君子应该制定历法,明确四季时序。

笔　记

《革》卦讲述的是"变革"之道，到了这时必须推陈出新。卦辞从两个方面强调了"变革"之道：一要顺应天时，把握时机，选择在己日举行改革，可谓顺时而动；二要心怀诚信，一旦变革的领导者没有诚信，任何变革都不可能取得成功。《象传》则运用汤、武革命的成功证明"变革"之道。

为什么需要变革？必定是两种思想同时存在，旧思想还存在，新思想已诞生，所以必须除旧布新，抛弃旧思想。当然变革必须顺应潮流，如果逆流而行必遭失败。

行动指南

"变革"已经是企业界的一个流行词了，几乎每一家企业都在提变革，可是真正实行变革并取得成功的企业寥寥无几。想要变革必须坚持《革》卦所说的两个原则：顺时而动和保持诚信。

星期四
革言三就

初九，巩用黄牛之革。

《象》曰："巩用黄牛"，不可以有为也。

六二，己日乃革之，征吉，无咎。

《象》曰："己日革之"，行有嘉也。

九三，征凶，贞厉；革言三就，有孚。

《象》曰："革言三就"，又何之矣？

【译文】

初九，应该用黄牛皮做成的皮鞭牢牢束缚住。

《象传》说："巩用黄牛"，不可以有所作为，鲁莽行事。

> 六二，变化之日推行改革措施，前往必获吉祥，没有危害。
>
> 《象传》说："己日革之"，行动会得到嘉赏。
>
> 九三，前往有凶险，守持正固以防危害；关于变革的话三次得以实现，就能赢得众人的信任。
>
> 《象传》说："革言三就"，此时九三又何必过急前行？

笔 记

初九，位居《革》卦最低层，不宜有所行动，但由于年少冲动，时常希望发起变革，所以爻辞说："巩用黄牛之革"，牢牢控制初九的冲动鲁莽。

六二，阴居阴位，位置适当，并且在变化之日采取改革，自然没有任何危害，而且一定会有所收获。

九三，贸然前往会受到危害，但是守持正固可以确保无忧；同时一定要以身作则采取行动，当自己关于变革的宣言三次得到证实之后，一定会赢得众人的信任和支持。

行动指南

《革》卦告诉我们：任何一项变革的成功，首先需要管理者自身不断采取行动来证实变革方向的正确性。当管理者多次证实之后，员工们自然会投入到变革之中，因为他们意识到管理层"不是说着玩的，而是动真格的了"。

星期五
大人虎变

九四，悔亡，有孚改命，吉。
《象》曰："改命之吉"，信志也。
九五，大人虎变，未占有孚。
《象》曰："大人虎变"，其文炳也。

上六,君子豹变,小人革面;征凶,居贞吉。

《象》曰:"君子豹变",其文蔚也;"小人革面",顺以从君也。

【译文】

九四,悔恨消失,心怀诚信革除旧命,吉祥。

《象传》说:"改命之吉",是因为拥有值得信任的志向。

九五,大人象猛虎一样推行变革,不需要怀疑肯定可以获得信任。

《象传》说:"大人虎变",(九五的)美德灿烂耀眼。

上六,君子向豹子一样推行变革,小人纷纷变换脸面;前往有凶险,静居守持正固可获吉祥。

《象传》说:"君子豹变",(上六的)美德蔚然成章;"小人革面",顺从于君主的变革。

笔 记

九四,必须有诚信才可以实行变革。

九五,君王实行变革必须坚定、刚毅,不可优柔寡断。很多人在推行变革时犹豫不决,使得他人无法对之产生信任,只是待在一旁观望,直到变革真正开始,才加入变革的队伍。这是变革领导者的大忌。要赢得众人的信任,就必须清晰准确地传达自己的变革构想,并身先士卒地采取行动。

上六,配合九五,迅猛推行变革,使得小人们纷纷改头换面,可谓成果斐然。但是由于上六位居《革》卦之终,不可继续前往,所以说"征凶,居贞吉"。

行动指南

领导者在推行变革时,一定要避免优柔寡断,应该言行一致地传达出坚定、刚健之风,要抱有"变革必须成功"的决心和毅力,一旦如此,必将赢得下属的支持,使他们能积极地投入到变革中来。

鼎有实，慎处之

星期一
正位凝命

《鼎》：元吉，亨。

《彖》曰："鼎"，象也；以木巽火，亨饪也。圣人亨以享上帝，而大亨以养圣贤。巽而耳目聪明，柔进而上行，得中而应乎刚，是以"元亨"。

《象》曰：木上有火，鼎；君子以正位凝命。

【译文】

《鼎》卦：最为吉祥，亨通。

《彖传》说："鼎"，用鼎的形象命定的卦名；用木材取火，烹饪。圣人烹饪食物用来祭祀天帝，大规模地烹饪食物用来奉养圣贤之士。贤人顺应则君王就能够耳聪目明，柔顺者前进而且能够向上行走，居中位又能应合刚健者，所以说"元亨"。

《象传》说：木头上燃烧着火，鼎；君子应该端正职务，恪守使命。

笔 记

"鼎"，古代的烹饪器具，也有"取新"之意，成语"革过鼎新"便是此意。《革》卦讲述的是去除旧的，而《鼎》卦则讲述如何取新。

"鼎"既为烹饪之器，就包含着上位者奉养下属的道理。所以《象传》中说"大亨以养圣贤"，一旦贤人能者都为己所用，那么还担心天下不太平吗？还担心不了解世事吗？《鼎》卦传达的正是奉养圣贤这一政治根本。

"鼎"同时还是一种权力、地位的象征，但是它有一个鲜明的特点：离不开足，离开了足便无法站立。所以说权力、地位必须依赖多方面的支持，《象传》说"君子以正位凝命"传达的正是这一意思：君子必须端正职位，恪守使命，否则会失去人心而导致地位倾覆。

行动指南

作为管理者,应该从《鼎》卦中学到两点:一,为企业的贤能之士提供更好的发展空间和待遇;二,恪守职责,承担起自身应该承担的责任。

星期二

鼎有实,慎处之

初六,鼎颠趾,利出否;得妾以其子,无咎。

《象》曰:"鼎颠趾",未悖也;"利出否",以从贵也。

九二,鼎有实;我仇有疾,不我能即,吉。

《象》曰:"鼎有实",慎所之也;"我仇有疾",终无尤也。

九三,鼎耳革,其行塞,雉膏不食;方雨亏悔,终吉。

《象》曰:"鼎耳革",失其义也。

【译文】

初六,鼎器的足颠倒了,适宜倾倒陈旧之物;娶了一个妾重新生了一个儿子,没有危害。

《象传》说:"鼎颠趾",没有违背常理;"利出否",应当遵从位贵者。

九二,鼎中充满食物;我的仇家患了疾病,没有办法靠近我,吉祥。

《象传》说:"鼎有实",谨慎安排去处;"我仇有疾",最终没有危害。

九三,鼎的耳朵被革除,行动受到阻塞,精美的食物不能食用;待到下雨就能消除悔恨,最终获得吉祥。

《象传》说:"鼎耳革",失去了应该承担的意义。

笔 记

初六,颠倒了鼎足次序,但是鼎还能站立,这时适宜调整次序并除旧迎新,所以说"无咎"。"利出否",说明鼎足一定要有主次之分。

九二,爻辞分为两个部分:第一,鼎中充满食品,这自然是好事,但是《象传》却提醒"慎所之"。为什么?因为很多人有了事物之后会胡乱分配,最终贤能之士没有享用到,却被一些小人佞臣享用了。第二,"我仇有疾",竞争对手患了疾病,当然这里的疾病是指受到了挫折,总之这是一个有益的消息。但是,无论竞争对手有没有疾病,自身的品德修为一定不能停止。所以《象传》并没有说"吉",而是强调"终无咎",这是一种警示和提醒。

九三,鼎耳是鼎权力的象征,耳被革除,自然失去了鼎的象征意义。但是幸好九三能够及时悔悟,改变处事的行为和方式,最终取得吉祥。

行动指南

在企业取得发展之后,一定要注意提拔和任用贤能之士,而不是沉湎于阿谀奉承之徒的花言巧语之中,否则企业必将遭遇挫折。

星期三
信如何也

九四,鼎折足,覆公悚,其刑渥,凶。
《象》曰:"覆公悚",信如何也?
六五,鼎黄耳金铉,利贞。
《象》曰:"鼎黄耳",中以为实也。
上九,鼎玉铉,大吉,无不利。
《象》曰:"玉铉"在上,刚柔节也。

【译文】
九四,鼎折断了足,倾覆了王公的美食,鼎身也被弄脏,有凶险。
《象传》说:"覆公悚",怎么信任九四呢?
六五,鼎有黄色的耳朵、金色的铉,适宜守持正固。
《象传》说:"鼎黄耳",居中位而内心踏实。
上九,鼎有玉制的铉,大为吉祥,无所不利。

《象传》说:"玉铉"在上位,刚健者与阴柔者调节适宜。

笔 记

九四值得分析:首先以阳居阴位,可谓失位;其次,紧靠六五,可以与六五应合;再次,"覆公𫗧",说明很受重用,但成事不足,败事有余。由此看来,可以得出这样的结论:九四是没有能力却受到上位者信任的人,但是委以重任后,他却无法做好,最终遭遇"其形渥"的结局。如此一来,六五的信任又能如何呢?

六五,有黄色的鼎耳,黄色乃帝王之色,加上六为阴,能够保持谦逊的美德,所以无咎。

上九,在上位而能够奉养众人,与下位者相互应合,大为吉祥。

行动指南

管理者通常喜欢任用与自身亲近的人,这并非坏事,但是一旦忽视了能力而盲目任用亲近之人,必定会导致很多重要的事务得不到妥善的处理,从而给企业的发展带来隐患。

星期四
恐惧修省

《震》:亨。震来虩虩,笑言哑哑;震惊百里,不丧匕鬯。

《彖》曰:震,亨。"震来虩虩",恐致福也;"笑言哑哑",后有则也。"震惊百里",惊远而惧迩也;出,可以守宗庙社稷,以为祭主也。

《象》曰:洊雷,震;君子以恐惧修省。

【译文】

《震》卦:亨通。震动起来万物惊慌不安,然后才可以获得笑声不断;震动传播百里之外,祭祀的器具却不丢失。

《象传》说：震，亨通。"震来虩虩"，恐惧可以导致福慧；"笑言哑哑"，恐惧之后才会遵循规则。"震惊百里"，惊动远处而使近处感到恐惧；即使外出，长子（震卦）也可以守持宗庙社稷，成为祭祀的主持者。

《象传》说：雷声接连轰鸣，震；君子因此恐惧而修养德行。

笔 记

《震》卦阐述了一个深刻的道理：只有身处恐惧之中才能够保持小心谨慎，从而获得亨通和吉祥。一个人只有时刻有忧患意识，才会保持谨慎，方可获得一生平安。

同时《震》卦也阐述了一种政治管理：要树立威严，使百姓震惊，从而心怀畏惧，如此一来，即使君王自身外出，他的孩子同样可以统领国都。也许在古代这种方式是可行的，但是放在今天，尤其是今天的企业管理之中，这种方式是要不得的。让员工们感到震惊，只会导致一个后果：大家都选择离职而去，企业成为一个空壳，再无发展可言。

《象传》的提醒是值得重视的：我们应该时刻保持小心谨慎，不断提升自身的品行和修养。

行动指南

只有保持忧患意识，管理者才会细心谋虑和策划，从而使每一项决策都能够得到推行和实施，并推动企业发展。

星期五
震行无眚

初九，震来虩虩，后笑言哑哑，吉。

《象》曰："震来虩虩"，恐致福也；"笑言哑哑"，后有则也。

六二，震来厉；亿丧贝，跻于九陵，勿逐，七日得。

《象》曰："震来厉"，乘刚也。

六三，震苏苏，震行无眚。

《象》曰："震苏苏"，位不当也。

【译文】

初九，震动起来惊慌不安，然后笑声不断，吉祥。

《象传》说："震来虩虩"，恐惧可以导致福慧；"笑言哑哑"，恐惧之后才会遵循法则。

六二，震动起来有危险；丢失了大量的钱币，登上了九重山陵，不用追逐，七日后将失而复得。

《象传》说："震来厉"，六二凌乘刚健者（初九）之上。

六三，震动时微微发抖，由于震动之下采取行动而没有危害。

《象传》说："震苏苏"，位置不适宜。

笔 记

初九，位于一国君民的最底层，所以听到君王的命令会惊慌不安，一旦惊慌不安便会小心行事，处处留心，然后可以保持笑声不断，可见身为平民百姓自有平民百姓的益处。

六二，虽居中位，但以柔乘刚，所以有危险，会有很大的损失。但是如果能够在震动之下保持谨慎，最终可以失而复得，也可以称得上是"无咎"了。

六三，位于下卦之终，下不乘刚，上又承阳，又能够怀有危惧之心，保持谨慎行事，最终可以免除危害。正如赵光大所说："天下不患有忧惧之时，而患无修省之功。若能因此惧心而行，则持身无妄动，应事有成规，又何眚之有？"说到底，一个人只要能够时刻修养自身的品行，保持小心谨慎，怎么还会有危害呢？

行动指南

无论是谁，无论身处什么职位，都应该不断提升自身的修养和能力，同时保持小心谨慎的行事原则，这样自然可获成功。

第二周

星期一
其事在中

九四,震遂泥。

《象》曰:"震遂泥",未光也。

六五,震往来厉;亿无丧,有事。

《象》曰:"震往来厉",危行也;其事在中,大无丧也。

上六,震索索,视矍矍,征凶;震不于其躬,于其邻,无咎;婚媾有言。

《象》曰:"震索索",未得中也;虽凶无咎,畏邻戒也。

【译文】

九四,震动之时惊慌失措而掉入泥潭。

《象传》说:"震遂泥",阳刚之德尚未光大。

六五,震动之时,不管来往者都有危险;处事恪守中道将万无一失。

《象传》说:"震来往厉",危险的行为;发生事故时能够守持中道,就可以万无一失。

上六,震动之时畏畏缩缩,惊惶地四处张望,前行有凶祸;在震动未波及自己、才接近邻居时就预防,将没有危害;举行婚礼会出现怨言。

《象传》说:"震索索",没有居住在中位;虽然凶险但没有危害,因为邻居受到震动而心生戒备。

笔记

九四,被震动惊吓而掉入泥潭之中,可谓糟糕。

六五,无论是谁处在震动之中都会有危害,而且我认为即便是君王采取震动他人而树立威严的行为也是有危害的,这样做尽管没有大的损失,但也会让人民感到不安而产生不必要的纷端。所以《象传》说这是危险的行为,而且一定要恪守中道。

上六,幸运之人,因为邻居受到震动而使自己提前警觉,这是最完美的结局了。

行动指南

在企业受到震动、发生变故时,一定要恪守经营正道,以消费者的利益为导向,如此一来必定可以顺利渡过难关。

星期二
思不出其位

《艮》:艮其背,不获其身,行其庭,不见其人,无咎。

《象》曰:"艮",止也。时止则止,时行则行;动静不失其时,其道光明。艮其止,止其所也。上下敌应,不相与也,是以"不获其身,行其庭,不见其人,无咎"也。

《象》曰:兼山,艮;君子以思不出其位。

【译文】

《艮》卦:抑制于背后以免邪念被察觉,不让身体直接面对应该被抑制的私欲,走在庭院内,没有看见人,没有危害。

《象传》说:"艮",停止之意。顺应时势该停止就停止,该前行就前行;行动与静止都不违背时势,《艮》卦的意义可谓光明。《艮》卦象征的停止,是指停止适得其所。上位者与下位者相互敌对,不能够相互应合,所以"不获其身,行其庭,不见其人,无咎"。

《象传》说:两座山重叠,艮;君子应该抑制邪念,思考问题不应该超出自身的职务范围。

笔 记

《艮》卦探讨的是"停止"之道,什么时候该进,什么时候该止,这些都是取得成功必须掌握的规则,《艮》卦正是告诉我们应该如何"止"。

事物必定有其固有的发展规律,这种规律应该是波浪形的,有起有伏,人们应该遵循这一起伏而不断前进。有起伏,就必定有动静、进退,当进则进,当止则止,如此一来,方可一帆风顺取得成功。

《艮》卦的核心是"止",所以《象传》告诫我们"思不出其位",这与《论语》所说的"不在其位,不谋其政"是同一个道理。当你的思考超出自身的职务范围时,很可能遭受他人的猜疑和排斥,这种举动是不符合《艮》卦所传达的"停止"之道的。

行动指南

在工作环境不允许充分展示自身才能的时候,我们应该努力完成自身的工作,而不去过问他人的任务和工作,以免招致不必要的误会和冲突。

星期三
当行不行,必有危害

初六,艮其趾,无咎,利永贞。

《象》曰:"艮其趾",未失正也。

六二,艮其腓,不拯其随,其心不快。

《象》曰:"不拯其随",未退听也。

九三,艮其限,列其夤,厉薰心。

《象》曰:"艮其限",危薰心也。

【译文】

初六,停止脚步不再迈进,这样就没有危害,适宜长期守持正固。

《象传》说:"艮其趾",没有违背正道。

六二,停止小腿的运动,没有能够跟随上应该跟随的人,内心感到不快乐。

《象传》说:"不拯其随",没有退而听从抑止之命,不快乐。

九三,停止腰部的运动,以致背部的肌肉断裂,危险像烈火一样薰心。

《象传》说:"艮其限",危险像烈火一样薰心。

笔 记

初六，位于最下端，应该守持正固而不宜贸然行动，所以说"未失正"。

六二，应该上承九三，采取行动，由于受到牵制，所以不能够跟随应该跟随的人。由于六二位居下卦之中位，所以没有危害，但因此而使内心很不愉快。

九三，应该大举行动，却因为腰部受到牵制，最终造成了背部肌肉断裂，这是很大的伤害了。可是最令人痛心的是该做的事没有做成，所以内心像是受到了烈火的熏烧。

行动指南

在应该采取行动时，应该大胆放手去做，否则只会留下后悔和遗憾。

星期四
言有序

六四，艮其身，无咎。

《象》曰："艮其身"，止诸躬也。

六五，艮其辅，言有孚，悔亡。

《象》曰："艮其辅"，以中正也。

上九，敦艮，吉。

《象》曰："敦艮之吉"，以厚终也。

【译文】

六四，停止身躯的行动，没有危害。

《象传》说："艮其身"，就是要自我克制。

六五，管住嘴巴不至于胡言乱语，说话有条理，因此悔恨消失。

《象传》说："艮其辅"，行为本分符合中正之道。

上九，以敦厚的品德抑制邪欲，吉祥。

《象传》说："敦艮之吉"，能够将淳厚保持至终。

笔 记

六四,自己停止自己,没有危害,说明停止是出于自身意愿。

六五,阴处君王之位,切忌胡言乱语,说不吻合身份的话,所以要控制自身的言辞,并使自身的言语有条理,如此一来就不会再有悔恨产生。故而《象传》说:"以中正也。"

上九,处于《艮》卦之终,却能够该止则止,而且品德敦厚,可谓不易,所以能够获得吉祥。

行动指南

企业管理的根本在于沟通,而沟通的根本在于言辞,在今天,措辞显得更加重要。作为管理者绝不可胡言乱语,说一些不着边际的话。

星期五
居贤德善俗

《渐》:女归吉,利贞。

《彖》曰:渐之进也,女归吉也。进得位,往有功也;进以正,可以正邦也。其位,刚得中也;止而巽,动不穷也。

《象》曰:山上有木,渐;君子以居贤德善俗。

【译文】

《渐》卦:女子出嫁吉祥,适宜守持正固。

《彖传》说:《渐》卦的前进,是适宜女子出嫁吉祥。前进而得到地位,前往有功绩;以正道向前进,可以端正国家。事情起色是因为刚健者得到中位;做到停止而柔顺,行动就不会陷入困境。

《象传》说:山上生长着树木,渐;君子应该逐渐积累贤德,改善习俗。

笔 记

《渐》卦,顾名思义,应该阐述的是"循序渐进"的道理。尽管《序》卦说:"物不可以终止,故受之以《渐》,渐者,进也。"《艮》卦讲"止",《渐》卦讲"进",那为何不以"进"为卦名? 因为《渐》传达的是"渐进"之意,而非急进。

"渐进"是顺序而进,不是贸然求进,更不是一蹴而就。《渐》卦告诉我们:无论是治学,还是创业,都需要循序渐进,一步一个脚印,踏踏实实,打下牢固的基础,然后才可以获得预期的成就。

《象传》说得好:"居贤德善俗。"只有先"居贤德",然后才能够"善俗"。

行动指南

企业的发展不是一夜之间获得的,需要全体成员共同努力,依照经营之道循序渐进地寻求发展之道。任何超出常规的发展最终都将如拔苗助长,给企业带来不可避免的麻烦和挫折。

星期一

小子之厉

初六,鸿渐于干;小子厉,有言,无咎。

《象》曰:"小子之厉",义无咎也。

六二,鸿渐于磐,饮食衎衎,吉。

《象》曰:"饮食衎衎",不素饱也。

九三,鸿渐于陆,夫征不复,妇孕不育,凶;利御寇。

《象》曰:"夫征不复",离群丑也;"妇孕不育",失其道也;"利用御寇",顺相保也。

【译文】

初六,大雁渐渐飞行到水岸边;青年人遭遇危害,受言语中伤,但如能不因此沮丧则可以没有危害。

《象传》说:"小子之厉",从道理上看是没有危害的。

六二,大雁渐渐飞到巨石旁,饮食和乐欢畅,吉祥。

《象传》说:"饮食衎衎",不是白白吃饱的。

九三,大雁渐渐飞行到陆地,夫君前去征战而不归还,妻子怀孕却不生育,有凶险;若能秉持刚正,利于抵御敌寇。

《象传》说:"夫征不复",因脱离了群体而羞愧;"妇孕不育",违背了正常的道理;"利用御寇",随顺能够相互保护。

笔 记

初六,象征年轻人。年轻人急于求进,所以会有危害,也会受到他人的指责,甚至是打压。但是作为年轻人,如果连一点求上进的积极性都没有,又如何成就事业呢?所以,即便是年轻人由于急于求成而遭受挫折,我们也应该鼓励他们继续前进,更何况年轻人经受挫折是有利于其成长的。《象传》说:"小子之厉,义无咎也。"表述的正是这一意思。

六二,因为能够向上应合于九五之尊,所以能够快乐地饮食,但是这一切也不是白白得来的,而是因为忠诚于上位者而获得的。

九三,处于下卦之终,有急于冒进之凶,"夫征不复"表现得最为典型:因为冒进而脱离了群体,这时应该转攻为守,转进为止,或许能够避免危害。

行动指南

我对很多企业进行过调研,发现一个很有意思的现象:很多创新建议都是由新进员工提出的,一旦新进员工融入企业的固有文化之中,反而不再有创新的观念和构想了。所以,管理者应该鼓励新进员工积极进取,不断提出与众不同的构想和计划。

星期二
终莫之胜

六四,鸿渐于木,或得其桷,无咎。

《象》曰:"或得其桷",顺以巽也。

九五,鸿渐于陵,妇三岁不孕;终莫之胜,吉。

《象》曰:"终莫之胜吉",得所愿也。

上九,鸿渐于陆,其羽可用为仪,吉。

《象》曰:"其羽可用为仪,吉",不可乱也。

【译文】

六四,大雁渐渐飞行到树木之中,或者停在屋檐上,没有危害。

《象传》说:"或得起桷",柔顺而谦逊。

九五,大雁渐渐飞到山陵之上,妻子三年不怀孕;最终没有人能够胜过她,吉祥。

《象传》说:"终莫之胜吉",心愿得到了实现。

上九,大雁渐渐飞到陆地,它的羽毛可以作为礼仪的装饰品,吉祥。

《象传》说:"其羽可用为仪,吉",不可以乱了次序。

笔 记

六四,可谓随遇而安,所以说"顺而巽",能够做到随遇而安,自然就没有危害了。

九五,君王之位,尽管最初遭到了挫折,"妇三年不孕",但是由于坚持不懈、自强不息,最终因为没有人可以胜过她而如愿以偿。九五告诉我们不要为一时的挫伤而哀怨,应该保持斗志,最终的胜利终究属于我们。

上九,有点修成正果的味道,尽管位居穷尽之处,但其用却无穷。

行动指南

愿望受到一时的挫败并不可怕,只要我们能够坚持不懈地努力向着目标前进,或许会是三年,也或许只有三个月,我们就可以实现自身的心愿。

星期三
永终知敝

《归妹》:征凶,无攸利。

《彖》曰:"归妹",天地之大义也;天地不交,而万物不兴;"归妹",人之终始也。说以动,所归妹也;"征凶",位不当也;"无攸利",柔乘刚也。

《象》曰:泽上有雷,"归妹";君子以永终知敝。

【译文】

《归妹》卦:前往有凶险,无所利益。

《彖传》说:"归妹",天地运行的大道理;天与地不相交,那么万物就不会兴盛;"归妹",人类的生命可以终而复始。行动而喜悦,可以将少女嫁出;"征凶",位置不正当;"无攸利",阴柔者乘于刚健者之上。

《象传》说:湖泽上雷声轰鸣,"归妹";君子应该长久了解弊端并作好防范。

笔 记

《归妹》讲述的乃是"男婚女嫁"这一事关人类繁衍的大事,正所谓天地合,万物方兴,男女合,而人类得以延续,就像《象传》所说"人之终始也"。但是,也正是在人类"男婚女嫁"方面时常会违背正道,不守家道,所以卦辞说"征凶,无攸利",目的是为了警示人们,在男婚女嫁的问题上不可违背正道。

如果将《归妹》卦延展到企业管理之中,则可以将"少女"视为下属,或是配合者,企业必须在管理层与员工之间的良好配合下才能取得发展。

行动指南

管理者应该与下属保持默契配合,下属也应该积极地执行上司所交待的任务,双方合作,从而使企业得以迅速发展。

星期四
归妹以娣

初九,归妹以娣,跛而履,征吉。

《象》曰:"归妹以娣",以恒也;"跛而履",吉相承也。

九二,眇而视,利幽人之贞。

《象》曰:"利幽人之贞",未变常也。

六三,归妹以须,反归以娣。

《象》曰:"归妹以须",未当也。

【译文】

初九,少女出嫁时以妹妹为陪嫁,犹如腿跛了还往前行走,前往可获吉祥。

《象传》说:"归妹以娣",可以得到持久;"跛能履",吉祥可以相互承接。

九二,眼睛坏了还勉强看,适宜幽隐的人守持正固。

《象传》说:"利幽人之贞",没有改变恒常的道理。

六三，出嫁时以姐姐为陪嫁，(不合适)还要返回以妹陪嫁。

《象传》说："归妹以须"，行为不妥当。

笔 记

初九，吉祥，为什么？道理很简单：做事比较谨慎，有双重保证。"娣"是指小妹妹，出嫁时以小妹妹作为陪嫁，这样就可以防止出现问题，即便是作为正室的姐姐过世还可以以"娣"继位。如此一来，两家的关系就可以持久，正如《象传》所说："以恒也"，并且可以"吉相承也"。

九二，意味着受到冷落的夫人，但是不能因为受到冷落就背离妇道，所以适宜守持正固。

六三，出嫁时以自己的姐姐陪嫁，这是违背仁义道德的，所以必然"反归以娣"，如若不然，必定会导致危害。

行动指南

由于没有完美的方案，所以管理者在制定策略时，应该准备一套备用方案，一旦第一套方案不能顺利实施，就采取第二套方案，如此可以避免问题的产生。

星期五
有待而行

九四，归妹愆期，迟归有时。

《象》曰："愆期"之志，有待而行也。

六五，帝乙归妹，其君之袂，不如其娣之袂良；月几望，吉。

《象》曰："帝乙归妹，不如其娣之袂良"也，其位在中，以贵行也。

上六，女承筐，无实；士刲羊，无血。无攸利。

《象》曰："上六无实"，承虚筐也。

【译文】

九四,少女出嫁时延迟了时期,迟些出嫁也会有合适的时机。

《象传》说:"愆期"的心意,在于等待时机而后行动。

六五,帝乙嫁出少女,正室所穿的衣物不如陪嫁的小妹妹那么华丽;月亮快到了圆满的时候,吉祥。

《象传》说:"帝乙归妹,不如其娣之袂良",六五位尊而守中不偏,虽高贵却谦俭。

上六,女子捧着筐,里面是空的;男子在杀羊却没有血。无所利益。

《象传》说:"上六无实",因为捧着的是空筐。

笔 记

九四,值得回味,为什么嫁少女会延期?是因为觉察到对方不太适合自己,所以在等待合适的对象。出嫁与找工作可谓如出一辙,所谓"女怕嫁错郎,男怕入错行",如果不能从事适合自己的职业,必定会终身无所成就。同样,如果找不到投缘的上司,也不能取得杰出的成就。

六五,"月几望"值得关注,月盈则亏,在快到圆满之时懂得谦逊,可以确保平安。所以正房在出嫁时所穿的衣服还没有陪嫁之人华丽,这意味着正房是谦逊的。

上六,欲嫁却无人可嫁,就像手捧空筐、杀羊不出血一般。

行动指南

我们在选择自身的事业时,一定要考虑这份职业是否适合自己。同样,在选择合作伙伴时,也一定要考虑双方是否有同样的志向,如果志向不合而强行合作,最终必定以失败告终。

折狱致刑

《丰》:亨,王假之;勿忧,宜日中。

《彖》曰:"丰",大也;明以动,故丰。"王假之",尚大也;"勿忧,宜日中",宜照天下也。日中则昃,月盈则食;天地盈虚,与时消息,而况于人乎? 况于鬼神乎?

《象》曰:雷电皆至,丰;君子以折狱致刑。

【译文】

《丰》卦:亨通,君王将会实现天下丰盛的理想;不用担忧,适宜像中午的太阳一样保持光辉。

《彖传》说:"丰",盛大之意;光明之后采取行动,所以盛大。"王假之",因为他所崇尚的便是盛大;"勿忧,宜日中",像中午的太阳一样保持光辉。太阳过了中午必将西斜,月亮到达圆满就会亏蚀;天与地的盈满与亏虚,与时势一同消退成长,更何况人类呢? 更何况鬼神呢?

《象传》说:雷电一起到来,丰;君子应该审理诉讼,执行刑罚。

笔 记

"丰",丰盛之意。《序卦》说:"得其所归者必大,故受之以《丰》。丰者,大也。""得其所归"乃是指《归妹》卦,成家之后立业,立业之后可致丰盛,《丰》卦正是由此而来。

"丰盛"自然亨通,但是往往"丰盛"也是衰弱的开始,正所谓"日中则昃,月盈则食",那么应该如何在"丰盛"的状态下安处呢?《丰》卦告诉我们必须遵循两条法则:一,必须具备良好的道德,唯有有德的君王才可以实现"丰盛",也只有他们才可以享用"丰盛";二,必须像中午的太阳一样普照天下,即"丰盛"应该与大众分享,使所有的人都能够受益。

同时,《丰》卦还提醒我们:丰盛不易获得,维持丰盛更是不易。所以,不必强求,只要做到顺应时势即可,天地尚且如此,何况我等人类?

《象传》则提出在丰盛时期应该公平公正地进行诉讼审理并执行刑罚,否则,必将发生动乱。

行动指南

创业难,守住创业成果更难。因此,管理者在企业发展强盛之时,一定要公平公正地处理事务,一旦脱离了这一点,必将造成员工心态不正,最终影响企业的正常发展。

星期二
信以发志

初九,遇其配主,虽旬无咎,往有尚。

《象》曰:"虽旬无咎",过旬灾也。

六二,丰其蔀,日中见斗,往得疑疾;有孚发若,吉。

《象》曰:"有孚发若",信以发志也。

九三,丰其沛,日中见沫;折其右肱,无咎。

《象》曰:"丰其沛",不可大事也;"折其右肱",终不可用也。

【译文】

初九,遇到了与自身相配的爱人,虽然两者阳德均等但没有危害,前往会获得嘉赏。

《象传》说:"虽旬无咎",超出均等必致竞争,便会有灾难。

六二,被障蔽了很多光芒,犹如太阳正当中天却见到了星斗,前往会被猜疑;心怀诚信并让人信服,可获吉祥。

《象传》说:"有孚发若",诚信足可以用来开拓光明志向。

九三,幡幔遮盖的面积很大,犹如太阳正当中天却见到了小星星;因为屈己慎守而折断了右胳膊,没有危害。

《象传》说:"丰其沛",不可以成就大事;"折其右肱",终究不可以得到重用。

笔 记

初九,遇到了九四,两者都是阳,所以说"均等",但是幸好两者均等,如若两者有差距,或许便无法结合,所以《象传》说:"过旬灾也。"这里面传达了一种"门当户对"的传统观念。

六二,仿佛白日见到星斗,天空昏暗,乘势前往必遭猜疑,所以一定要保持高度的诚信,使上位者意识到自身的意愿和志向,一旦获得认可,自然可获吉祥。从六二可以看出,诚信是多么重要,只有保持诚信的人才能够向他人传达自身的志向。

九三,位居下卦之终,"折其右肱",不可为上位所重用。

行动指南

一个人要传达自身的志向,就必须保持高度的诚信。

星期三
故作高深

九四,丰其蔀,日中见斗;遇其夷主,吉。

《象》曰:"丰其蔀",位不当也;"日中见斗",幽不明也;"遇其夷主",吉行也。

六五,来章,有庆誉,吉。

《象》曰:六五之吉,有庆也。

上六,丰其屋,蔀其家,窥其户,阒其无人,三岁不觌,凶。

《象》曰:"丰其屋",天际翔也;"窥其户,阒其无人",自藏也。

【译文】

九四,被障蔽的范围很大,犹如太阳正当中天却见到了星斗;遇到了与自己平衡的主人，吉祥。

《象传》说："丰其蔀"，位置不适宜；"日中见斗"，身处幽暗而不见光亮；"遇其夷主"，吉祥的行为可前行。

六五，有了文采有喜庆和荣誉，吉祥。

《象传》说："六五之吉"，有喜庆。

上六，房屋极其高大，隐蔽居所，从门口看进去，寂静而无人，三年也不露面，有凶险。

《象传》说："丰其屋"，犹如在天边飞翔；"窥其户，阒其无人"，自己隐藏起来。

笔 记

九四，阳居阴位，可谓位不正，所以"日中见斗"，但是因为与初九相应，并且势力均等，于是可获吉祥。

六五，在丰盛时期，以阴居阳位，展现谦逊美德，所以有喜庆，也有荣誉，吉祥。

上六，很有意思，把房子造得很宏伟，整日隐居在居所里，三年也不出现，有人好奇偷窥了一下，也看不到人影。这让我想起当今的很多企业家们，他们在有了一些资金之后，都希望躲进深山老林，故作高深，以为这样就可以躲避外界的评论和干扰，可是事与愿违，最终的结果却是"凶"。

行动指南

经营者的职责是将企业经营好，既然还承担着这份职责，就不应该擅自离开工作岗位。"不在其位，不谋其政"，但是"在其位，则必谋其政"，否则便是玩忽职守，必致危害。

星期四
明慎用刑而不留狱

《旅》：小亨，旅贞吉。

《彖》曰:"旅,小亨",柔得中乎外而顺乎刚,止而丽乎明,是以"小亨,旅贞吉"也。旅之时义大矣哉!

《象》曰:山上有火,旅;君子以明慎用刑而不留狱。

【译文】

《旅》卦:小心谨慎可获亨通,旅途守持正固可获吉祥。

《彖传》说:"旅,小亨",阴柔者在外取得中位而顺从于刚健者,适时停止而附丽于光明,所以说"小亨,旅贞吉"。《旅》卦表达的顺应时势的意义可谓宏大!

《象传》说:山上有火在燃烧,旅;君子应该明智谨慎地动用刑罚并且及时审理诉讼而不延期。

笔 记

"旅",流离失所、浪荡在外之意。《序卦》说:"穷大者必失其所,故受之以《旅》。"不能守持正固而安居于盛大者,必然骄横自满,从而导致从丰盛走向衰退,最终流离失所。作《易》者通过《丰》与《旅》两卦的关系告诉我们,在丰盛之时一定要恪守正道,不可盲目自大,导致祸害。

流离在外,稍有不慎,便会遭遇不测之祸,所以,一定要恪守正道才可以获得吉祥。

《象传》根据《旅》卦的构成(下艮上离)告诫君子应该从山火为旅的现象之中领悟"明慎用刑而不留狱"的道理。

行动指南

作为管理者,不可避免地要对员工们进行评判和奖惩,这对员工而言是大事情。因此,应该在充分全面地了解信息之后再作决定,同时还应该及时地公布结果。

星期五
以旅与下

初六,旅琐琐,斯其所取灾。

《象》曰:"旅琐琐",志穷灾也。

六二,旅即次,怀其资,得童仆,贞。

《象》曰:"得童仆贞",终无尤也。

九三,旅焚其次,丧其童仆;贞厉。

《象》曰:"旅焚其次",亦以伤矣;以旅与下,其义丧也。

【译文】

初六,旅行时行为猥琐,这是自我招取灾祸的行为。

《象传》说:"旅琐琐",这是心志恶劣招来的灾祸。

六二,旅行到了旅社,怀藏旅费,拥有童仆,应当守持正固。

《象传》说:"得童仆贞",最终没有担忧之处。

九三,旅行时休憩的旅舍被大火焚烧,丧失了童仆;应该守持正固以防危害。

《象传》说:"旅焚其次",自己也受到了一些伤害;作为旅行的人而拥有下人,理当失去童仆。

笔 记

初六,阴居阳位,而且是《旅》卦之始,表现恶劣,行为猥琐,这样的人在旅途中一定会遭遇不测之祸,但这也怨不得他人,全都是自己招惹来的。

六二,行为也不甚合理,怀藏旅资,还找了个童仆,如此不是自招寇至?还好六二位置适宜,而且处于下卦中位,最重要的是能够守持正固,"终无尤也"。

九三,就没有六二那么幸运了,在旅途之中,寄宿的旅舍被一场大火烧毁,童仆也遭遇厄运,这或许便是自招寇至的后果吧。所以,《象传》评价说:"以旅与下,其义丧也。"一个人在流离失所的时候还想着找一个童仆,这不是自找麻烦吗?

行动指南

在企业遭遇困境时,管理者应该懂得开源节流,保持节俭,控制成本,与员工们同舟共济,渡过艰难时期。

十月

慎言语，守机密

以旅在上,其义焚也

九四,旅于处,得其资斧,我心不快。

《象》曰:"旅于处",未得位也;"得其资斧",心未快也。

六五,射雉,一矢亡;终以誉命。

《象》曰:"终以誉命",上逮也。

上九,鸟焚其巢,旅人先笑,后号咷;丧牛于易,凶。

《象》曰:以旅在上,其义焚也;"丧牛于易",终莫之闻也。

【译文】

九四,旅行到了某个地方无法安居,得到了旅资和工具,但内心仍然不快乐。

《象传》说:"旅于处",没有得到适当的位置;"得其资斧",但是内心仍然不快乐。

六五,射取野鸡,丢失了一支箭;尽管受了小损失,但最终获得了荣誉。

《象传》说:"终以誉命",因为获得了上位者的支持。

上九,鸟巢被火焚烧,旅行的人先是大笑,然后号啕大哭;在田埂上丢失了牛,有凶险。

《象传》说:以旅行者的身份位居《旅》卦之终,其居所理义上是应该被焚烧的;"丧牛于易",其在旅途中遭遇的祸害最终没有人知晓。

笔 记

九四,旅行之中找不到旅舍,这是一件很苦恼的事,尽管有旅资和工具,但是还是很令人不快。说明九四还没达到随遇而安的境地,还需要继续磨炼。

六五,有所挫折,但最终会成功。这几乎是人生成长的共同规则:先付出,然后才会有所回报。

上九,身为旅行者却自以为是,高高在上,就像鸟巢在树木的顶端一般,最终如何呢?遭遇焚烧。"笑"是无法长久的,最后只能是以"哭"告终。

行动指南

很多企业的管理者在企业陷入困境时,还脱离员工,保持一副高高在上的姿态,而不知道如何凝聚人心,共渡难关,这样的结果自然导致企业经营越来越糟糕。

星期二
申命行事

《巽》:小亨,利有攸往,利见大人。

《彖》曰:重巽以申命。刚巽乎中正而志行,柔皆顺乎刚,是以"小亨,利有攸往,利见大人"。

《象》曰:随风,巽;君子以申命行事。

【译文】

《巽》卦:小有亨通,适宜有所前往,适宜见到大人。

《彖传》说:上下顺从可以宣布命令。刚健者顺从于中正之道而志向得以实现,阴柔者顺从于刚健者,所以说"小亨,利有攸往,利见大人"。

《象传》说:和风连连相随而吹动不息,巽;君子应该效法宣布命令,推行政事。

笔 记

"巽",顺从之意。《序卦》说:"《旅》而无所容,故受之以《巽》。巽者,入也。"因为旅途中找不到容身之处,所以只得进入某处,顺从于他人。从《丰》卦到《旅》卦,再从《旅》卦到《巽》卦,我们会发现《周易》的一个重要特点:下一卦总是上一卦最糟糕的情况下的结果:丰盛而不知收敛导致骄傲自大,从而流离失所,流离失所还不得安身,直到顺从于他人,甘心为下人。

但是《象传》却没有从如何顺从做一个下人着手分析,而是从管理者的角度展开分析,探讨的是当下属们都很顺从时,管理者应该如何行动?应该申命。而《象传》则更进一步表示还应该"行事"。在下属们都很顺从之时,自然应该传达命令、推行各类事务了。

行动指南

管理最重要的任务之一便是让员工们服从企业的规划,并且能够以自动自发的精神投入到执行工作之中。当然,在今天的企业管理中,要使员工们服从,不能采取苦苦相逼的方式,而是应该由管理者以身作则,同时塑造一个美好的远景来凝聚人心,使大家向着同一个目标努力奋斗。

星期三
频巽之吝

初六,进退,利武人之贞。

《象》曰:"进退",志疑也;"利武人之贞",志治也。

九二,巽在床下,用史、巫纷若,吉,无咎。

《象》曰:"纷若之吉",得中也。

九三,频巽,吝。

《象》曰:"频巽之吝",志穷也。

【译文】

初六,进退不定,适宜像勇武之人一样守持正固。

《象传》说:"进退",心意犹豫不决;"利武人之贞",可以使心志得到磨炼。

九二,顺从而卑居于床下,能够像祝史、巫觋一样以谦卑奉神祇,可获吉祥,没有危害。

《象传》说:"纷若之吉",因为(九二)取得中位。

九三,频繁地发布命令,朝令夕改有困难。

《象传》说:"频巽之吝",心志穷困不振。

笔 记

初六，因为涉世不深，所以行为犹豫不决，进退不定，这时应该强化心志，多加磨炼，所以爻辞说"利武人之贞"，意思是要向勇武之人学习，从而使自身的心志得到磨炼，走向成熟。

九二，对上位者百般顺从，但是不能丧失虔诚，沦落为表面现象。所以爻辞提醒要像"祝史、巫觋"祭神时一样虔诚，如此一来，就可以获得吉祥，从而"无咎"。

九三，这样的领导就不足以赞许了。反复地修正命令、发布命令，只能说明一个问题：自身根本就没有任何威信，命令发布了也没有人会去执行。领导者做到这种地步，离下位已经不远了。

行动指南

考核管理者优秀与否，最简单的方法便是观察他的命令能否得到顺利执行，如果反复下命令后依然得不到下属的执行，这样的管理者就根本不适合再继续待在原来的位置上。

星期四

先庚三日，后庚三日

六四，悔亡，田获三品。

《象》曰："田获三品"，有功也。

九五，贞吉，悔亡，无不利；无初有终；先庚三日，后庚三日，吉。

《象》曰：九五之吉，位正中也。

上九，巽在床下，丧其资斧；贞凶。

《象》曰："巽在床下"，上穷也；"丧其资斧"，正乎凶也。

【译文】

六四，悔恨消失，打猎时获得三种猎物。

《象传》说："田获三品"，获得功绩。

九五，守持正固可获吉祥，悔恨消失，无所不利；没有开始但却有结束；在象征变更的"庚"日前三天发布命令，在"庚"日后三天实行命令，吉祥。

《象传》说：九五的吉祥，在于位置端正并守持中道。

上九，顺从卑居于床下，犹如丢失了钱财和用具；守持正固以防凶险。

《象传》说："巽在床下"，居在上位穷困不堪；"丧其资斧"，正处在凶险之中。

笔 记

六四，因为上承九五，受到宠信，所以"有功"。

九五，位居帝王之位，前提条件就是恪守正道。唯有恪守正道，才可以获得吉祥，才可以没有悔恨，才可以无所不利，哪怕是没有开始，最终也会获得成功。尽管如此，九五还需要遵循发布命令的规则：一，顺应天时，在象征变更的"庚"日前后发布和推行命令；二，既要发布命令，也要推行命令，绝不可有头无尾，有始无终，因为这样将失去人心。

上九，位居上位却百般顺从，可见并非发自内心，所以将"丧其资斧"并身陷凶险。

行动指南

几乎每一家企业都会在年初公布年度目标和每一位成员的年度任务，这就是顺时而发布命令。但是很多企业在推行方面做得并不好，往往是虎头蛇尾，只有任务下达却没有追踪实施。《巽》卦告诉我们，不但要发布命令，还要推进执行，正如《象传》所说："君子以申命行事。"

星期五
朋友讲习

《兑》：亨，利贞。

《象》曰："兑"，说也。刚中而柔外，说以利贞。是以顺乎天而应乎人。说以先民，民忘其劳；说以犯难，民忘其死：说之大，民劝矣哉！

《象》曰：丽泽，兑；君子以朋友讲习。

【译文】

《兑》卦：亨通，适宜守持正固。

《彖传》说："兑"，愉悦之意。刚健者位居内部而阴柔者在外配合，能够使得万物愉悦又能守持正固。因此，要顺应天道并应合人心。满怀喜悦地让人民劳作，人民就会忘记自身的劳苦；满怀喜悦地在人民之前不辞艰难险阻，人民也会忘记自己的生死：喜悦的重大意义，在于能够振奋人民的心志！

《象传》说：湖泽与湖泽相互附丽，兑；君子应该与朋友一起探讨、实践。

笔　记

"兑"，愉悦之意。"愉悦"的意义在管理之中可谓重大，重大处体现在能够使管理者身先士卒并保持愉悦。一旦如此，可以获得《象传》所说"说以先民，民忘其劳；说以犯难，民忘其死"的效果。如此一来，什么理想无法实现？

但是，要做到"说以先民"、"说以犯难"又谈何容易。所以君子要不断地学习，学习就离不开朋友的帮助。一个人埋头苦学往往会误入歧途，只有与志同道合的朋友多多交流才可以使心志明朗。"有朋自远方来，不亦乐乎？"同时，不能只"讲"不"习"，理论上的言辞如果不能够转变为实践就毫无意义，正所谓"学而时习之"，学了之后一定要实践。

行动指南

管理者应该身先士卒、以身作则，更应该不断与成功的管理者进行交流探讨、相互学习，并且身体力行地将所学到的一切运用到管理之中。

星期一
来兑之凶

初九,和兑,吉。

《象》曰:"和兑之吉",行未疑也。

九二,孚兑,吉,悔亡。

《象》曰:"孚兑之吉",信志也。

六三,来兑,凶。

《象》曰:"来兑之凶",位不当也。

【译文】

　　初九,应和而喜悦,吉祥。

　　《象传》说:"和兑之吉",行为端正不为人所猜疑。

　　九二,诚信喜悦以待人,吉祥,悔恨消失。

　　《象传》说:"孚兑之吉",志向信实。

　　六三,前来谋求喜悦,有凶险。

　　《象传》说:"来兑之凶",位置不适宜。

笔 记

　　初九,与九四相应合,所以说"和兑",位居卦始,尽管低下却能与上位者积极应合,所以初九"吉"。

　　九二,以诚信赢得的喜悦,当然吉祥,没有悔恨了。

　　六三,阴居阳位,位置不当却苦求喜悦,正所谓:"位不当而行不正",所以"有凶险"。

行动指南

喜悦由自身的行为和努力获得，强求是无用的。理解这一点对于当今的职场人士来说至关重要。我们每个人要获得愉悦的工作心态，就必须自身付出努力，同时配合他人并保持诚信。

星期二

介疾有喜

九四，商兑未宁，介疾有喜。

《象》曰：九四之喜，有庆也。

九五，孚于剥，有厉。

《象》曰："孚于剥"，位正当也。

上六，引兑。

《象》曰：上六"引兑"，未光也。

【译文】

　　九四，商度思量而喜悦但心中未曾宁静，排除了疾患会有喜庆。

　　《象传》说：九四的喜庆，是真的值得庆祝。

　　九五，信任阳刚剥落的小人，有危险。

　　《象传》说："孚于剥"，位置适宜。

　　上六，引诱他人相与喜悦。

　　《象传》说：上六"引兑"，心志不够光明。

笔　记

九四，"商兑未宁"是因为还有"疾患"，所以说"介疾有喜"。那么，"疾患"是什么？自然是领导者身边的小人，如果不能够与这些小人保持适当的距离，必定不能获得喜庆。

九五,位置很得当,但正因为位置得当,所以才会因缺乏谨慎而信任小人。一旦小人得到宠信,便会造成"小人道长,君子道消"的后果,九五应该学习九四"介疾"之行为。

上六,远离众人却引诱他人与自己一起喜悦,行为可谓失正,心志可谓黯淡。

行动指南

管理者必须远离小人,一旦小人获得重用,必然会导致贤能之人的离去,如此一来,企业必将陷入困境。

星期三
享于帝立庙

《涣》:亨,王假有庙,利涉大川,利贞。

《彖》曰:"涣,亨",刚来而不穷,柔得位乎外而上同。"王假有庙",王乃在中也;"利涉大川",乘木有功也。

《象》曰:风行水上,涣;先王以享于帝立庙。

【译文】

《涣》卦:亨通,君王到宗庙举行祭祀活动,适宜渡越大河巨流,适宜守持正固。

《彖传》说:"涣,亨",刚健者前来而不穷尽,阴柔者正位于外部而与上位者志向相同。"王假有庙",君王的行为符合中道;"利涉大川",乘着木舟能够建立功绩。

《象传》说:风吹行在水面之上,涣;先代的君王向天帝祭祀并建立宗庙。

笔 记

"涣",涣散之意。《序卦》说:"说而后散之,故受之以《涣》。涣者,离也。"喜悦之后会各奔西东、分道扬镳,所以在《兑》卦之后是《涣》卦。

有一点值得我们注意:《涣》卦的"涣散"之意并非"溃散",而是有组织有次序的自发性的分散,所以才能"柔得位乎外而上同",有点类似于今天的企业将人员分布到各个区域市场一般，是为了更好的发展，而非就此"散乱"。

当人员分散开去后，管理者又应该如何凝聚人心呢？如果不能够凝聚人心，整个团体将会是一盘散沙，所以《象传》说"先王以享于帝立庙"。在古代，要凝聚人心必然要举行祭祀仪式，并建立宗庙，这样就使得人们的内心之中有着同样的信仰和共同的根。

行动指南

今天的管理者应该如何凝聚人心呢？无非有以下三点：一，确定企业发展远景，使所有的人感觉到自己在参与一项伟大的事业；二，尊重每一位员工，让每一个人都得到自身应有的价值体现；三，公平公正地对待企业内部的每一位成员。

星期四
涣其躬

初六，用拯马壮吉。

《象》曰：初六之吉，顺也。

九二，涣奔其机，悔亡。

《象》曰："涣奔其机"，得愿也。

六三，涣其躬，无悔。

《象》曰："涣其躬"，志在外也。

【译文】

初六，借助健壮的马努力拯济可获吉祥。

《象传》说：初六的吉祥，在于顺应上位者。

九二，涣散之时奔向可以依靠的案几，悔恨消失。

《象传》说："涣奔其机"，心愿得以满足。

六三，涣散自身以附从阳刚者，没有悔恨。

《象传》说："涣其躬"，志向在于向外发展。

笔　记

　　初六,处于《涣》卦最下,应该在涣散的开始及时"拯"救,从而避免溃散。而初六性格温顺,可以上承九二,所以吉祥。

　　九二,在涣散之时找到立足的位置,使自身的心愿得以实现,所以没有悔恨。

　　六三,"涣其躬",属于自发性的自我涣散,这是六三为了促进发展而采取的措施,使下属们分布四周,以谋求更大的发展。这样做又会有什么危害呢?

行动指南

　　有节奏、有次序、有规划地安置人员,使他们立足于每一片目标市场。这样的分散是为了发展而作出的前瞻性决定,是每一位管理者应该掌握的经营方式。

星期五
匪夷所思

　　六四,涣其群,元吉;涣有丘,匪夷所思。

　　《象》曰:"涣其群元吉",光大也。

　　九五,涣汗其大号,涣王居,无咎。

　　《象》曰:"王居无咎",正位也。

　　上九,涣其血,去逖出,无咎。

　　《象》曰:"涣其血",远害也。

【译文】

　　六四,涣散了朋党,最为吉祥;涣散之后聚为山丘,这是不可思议的事情。

　　《象传》说:"涣其群元吉",六四品德光明正大。

　　九五,像涣散汗水一样发布号令,又翻修君王的居所以聚合人心,没有危害。

　　《象传》说:"王居无咎",位置适宜。

　　上九,涣散了血光之灾,离开而远走,没有危害。

　　《象传》说:"涣其血",远离危害。

笔　记

六四是辅助九五的贤臣，可谓一人之下，万人之上。这时一定要防备九五的猜疑，所以应该"涣其群"，但是由于六四品德出色，涣散之后的群体又聚合成一座山丘继续支持着六四，这看似不符合常理的事，却证实了品行的重要性。

九五，发布命令犹如发汗，发而不收，可谓坚决。同时能将自身的财产分给众人，必定能聚集人心，所以没有危害。

上九，远离众人，可以顺势而走，从而没有危害。

行动指南

对于管理者来说，品德是第一重要的。拥有了品德，就拥有了他人的支持和肯定，也就拥有了促进企业发展的基础。

制数度，议德行

《节》：亨；苦节不可，贞。

《彖》曰："节，亨"，刚柔分而刚得中。"苦节不可，贞"，其道穷也。说以行险，当位以节，中正以通。天地节而四时成；节以制度，不伤财不害民。

《象》曰：泽上有水，节；君子以制数度，议德行。

【译文】

《节》卦：亨通；过于节制不适宜，应该守持正固。

《彖传》说："节，亨"，刚健者与阴柔者分开，而刚健者得以居中位。"苦节不可，贞"，这样的方式是没有出路的。愉悦而勇敢赴险，处于正位而懂得节制，并恪守中正之道必定可以事事通顺。天地有所节制而形成四季；君王依制度而节制，就不会浪费财物，也不会祸害人民。

《象传》说：湖泽上有水，节；君子应该制定礼数，并以此为准则评议道德品行。

笔 记

"节"，节制之意。节制并非一味的克制，而是在节制中培养品德，在节制之中寻求发展。所以《节》卦告诉我们的是：适当的节制，是促进事物顺利发展的一项要素。

卦辞强调了三点：一，适当节制可获亨通，不胡乱浪费，自然会有所收益；二，"苦节不可"，所谓"苦节"，即违背心愿的节制，这样的节制会使人的心理产生扭曲，往往导致走向另外一个极端；三，"贞"，无论处于什么环境都必须恪守正道，违背了正道，一切皆无。

《象传》主要从如何节制上作了解说，强调顺应天地之道制定节制制度，使人们能够适度、中和地有所节制，而不至于陷入"苦节"。

《象传》则强调了两点：一，制定适当的节制制度，告知人们节制之道；二，强化道德评估，依据德行任用和提拔人才。

行动指南

做任何事情都讲求一个"度"，力度不够会出问题，力度过大也容易出问题，正所谓"过犹不及"。因此，企业在推行开源节流之时，一定要明确方向、制定规则，在该节约的地方节约，在该投入的地方投入，唯有如此，才能确保企业的稳定发展。

星期二
慎言语，守机密

初九，不出户庭，无咎。

《象》曰："不出户庭"，知通塞也。

九二，不出门庭，凶。

《象》曰："不出门庭凶"，失时极也。

六三，不节若，则嗟若，无咎。

《象》曰："不节之嗟"，又谁咎也？

【译文】

初九，（节制谨慎而）不跨出门庭，没有危害。

《象传》说："不出户庭"，知道畅通则行、阻塞则止的道理。

九二，（苦苦节制而）不跨出门庭，有凶险。

《象传》说："不出门庭凶"，因为严重地错过了时机。

六三，不懂得节制，导致哀伤叹息，没有危害。

《象传》说："不节之嗟"，又有谁会来加以咎害呢？

笔 记

初九，位于《节》卦之始，需要适当节制，因此"不出户庭"。为什么"不出户庭"？

是因为慎言语、守机密,出了门庭必定会与人交流。与人交流便会因一时不慎而透露机密,因此不出门庭可谓谨慎之至。所以孔子在《系辞上》中说:"君不密则失臣,臣不密则失身,几事不密则害成。是以君子慎密而不出也。"

九二,同样是"不出门庭",却为何有凶?原因很简单:初九面对的是闭塞,应该慎守不出,而摆在九二面前的则是通畅大道,可谓机遇大好,如果仍然拘束与节制而不敢行动,必定会错过时机。时机一旦错过,便会被他人获取,最终必将对自身造成危害。

六三,因为不懂得节制而导致哀伤叹息,说明六三已经开始及时悔悟,这样一来,还有什么危害呢?

行动指南

如今企业员工的保密意识非常薄弱,通常一项新的策略刚刚开始规划便已经被相关工作人员透露出去,最终造成了企业的被动。因此,管理者应该强化对员工"慎言语、守机密"的素质培训。

星期三
甘节之吉

六四,安节,亨。

《象》曰:"安节之亨",承上道也。

九五,甘节,吉,往有尚。

《象》曰:"甘节之吉",居位中也。

上六,苦节;贞凶,悔亡。

《象》曰:"苦节贞凶",其道穷也。

【译文】

六四,安然节制,亨通。

《象传》说:"安节之亨",因为顺承于上位者。

九五,适度的节制令人感到甘美,吉祥,前往有所嘉赏。

《象传》说:"甘节之吉",因为九五位居中位。

上六,过度节制,使人苦不堪言;守持正固以防凶险,悔恨即消失。

《象传》说:"苦节贞凶",这样的方式是没有出路的。

笔 记

六四,应该顺从于九五的指令而安然节制,所以获得"安节之亨"。

九五,作为领袖,应该制定适当的节制规则,让人们在节制之中体会到甘美愉悦,如此一来,必定吉祥。但是,要做到这一点并不容易,需要领导者对节制的尺度有着一个准确的把握。

上六,因为"苦节"而致凶险,但是由于"苦节"是出于节约的用心,所以只要能够守持正固,还是可以避免悔恨的。

行动指南

管理者应该制订适宜的节制计划,并且以身作则,身先士卒,一味盲目节制只会适得其反。

星期四
议狱缓死

《中孚》:豚鱼,吉,利涉大川,利贞。

《彖》曰:"中孚",柔在内而刚得中;说而巽,孚乃化邦也。"豚鱼吉",信及豚鱼也;"利涉大川",乘木舟虚也;中孚以利贞,乃应乎天也。

《象》曰:泽上有风,中孚;君子以议狱缓死。

【译文】

《中孚》卦:(诚信能够)感化小猪、小鱼,因而吉祥,适宜涉渡大河巨流,适宜守持正固。

《象传》说："中孚"，阴柔者在内部而刚健者取得中位；愉悦而顺从，诚信可以感化国度。"豚鱼吉"，诚信可以施及小猪、小鱼；"利涉大川"，此时能像乘驾木船那样畅行无阻；内心诚信而守持正固，是顺应天道的。

《象传》说：湖泽上面有风吹过，内心诚信；君子应该以诚信之德审议诉讼，宽缓死刑。

笔 记

"中孚"，内心诚信之意。"孚"字反复出现在《周易》之中，作《易》者将"诚信"视为为人处世的基础之一，离开了"诚信"，或许会一事无成。这一点与孔子的见解是一致的，在孔子看来，一个人没有诚信，就不知道他还能干什么了（人而无信，不知其可也）。

卦辞传达了一种美好的愿望：诚信能够施及诸如小猪、小鱼等动物，这该是一种怎样宽广的诚信啊！有了这样的诚信，还能不吉祥吗？但是《象传》又强调，即便有了这样的诚信也还不够，还需要守持正固，才能应合于天道。

《象传》则强调居上位者应该以高度的诚信"议狱缓死"，不可草菅人命。

行动指南

诚信是如何强调都不为过的，可是如今的管理者往往轻许诺言而无法做到恪守诺言，所以经常出现"不讲信用"的现象，最终导致管理者与下属冲突不断。事实上，在企业管理过程中，最有效的管理便是双方都保持诚信，做到言而有信。如此一来，就可以各司其职，各尽其能。

星期五
其子和之

初九，虞吉，有它不燕。

《象》曰：初九"虞吉"，志未变也。

九二,鸣鹤在阴,其子和之;我有好爵,吾与尔靡之。

《象》曰:"其子和之",中心愿也。

六三,得敌,或鼓或罢,或泣或歌。

《象》曰:"或鼓或罢",位不当也。

【译文】

初九,可以预料的吉祥(即作好预防措施应付可能出现的危险为吉),有了其他状况则不能安宁。

《象传》说:"初九虞吉",心志没有改变。

九二,白鹤在山阴鸣叫,它的同类声声应和;我有甘甜的美酒,愿与你共同分享。

《象传》说:"其子和之",符合内心的愿望。

六三,遇到敌人,或击鼓进攻,或鸣金收兵,或因害怕强大的敌人悲伤哭泣,或因敌人的撤退开心欢歌。

《象传》说:"或鼓或罢",位置不适宜。

笔 记

初九,因为位居卦低,一切似乎有所预料,但是如果出现其他的状况很有可能会改变预期,所以初九一定要保持恒久之心。

九二的文字美得像诗,表达的都是美好的意象。我对"其子和之"一句颇有感触:很多管理者总是找不到与自己心灵相通的属下,而《中孚》卦的九二则有人和应,为什么?孔子说得很清楚:"君子居其室,出其善言,则千里之外应之,况其迩者乎?居其室,出其言不善,则千里之外违之,况其迩者乎?"如此一来,我们也就理解为什么作《易》者用白鹤鸣叫来象征了。因为这是善言,应该以一种优美的声音来形容。

六三,遇到了敌人,将两种结果都说出来,接下来就看六三自身如何应对了。

行动指南

管理者要员工们配合自己其实很简单,就是内心保持诚信,下达一些真正能够促进企业发展的指令。

有孚挛如

六四,月几望,马匹亡,无咎。

《象》曰:"马匹亡",绝类上也。

九五,有孚挛如,无咎。

《象》曰:"有孚挛如",位正当也。

上九,翰音登于天,贞凶。

《象》曰:"翰音登于天",何可长也?

【译文】

　六四,月亮即将圆满,虽然遗失了马匹,却没有危害。

　《象传》说:"马匹亡",断绝关系依然向上走。

　九五,心怀诚信地牵系天下,没有危害。

　《象传》说:"有孚挛如",位置恰当。

　上九,飞鸟的鸣叫传到了天际,守持正固以防凶险。

　《象传》说:"翰音登于天",这种虚音又如何获得长久呢?

笔 记

　六四应该紧随九五,所以不惜断绝与同类的关系而一心承上,这与它所处的位置也有很大的关系。即它即将达到作为臣子能够达到的最高阶层,就像月亮快到圆满之时了,这时不可因为同类的影响而导致失败。

　九五,作为君王,应该心怀诚信地以天下黎民百姓的安乐为己任,所以《象传》说"位正当也"。

　上九,诚信是口头上的,是虚的,是相对白鹤的普通鸟儿的鸣叫,这样的声音很快就会消失，所以"何可长也"？

行动指南

管理者应该以企业所有成员的成长和发展为己任，为每一位员工提供合适的职位和空间，使每一个人都能够在企业内得到最大化的价值体现。

星期二
行过乎恭，丧过乎哀，用过乎俭

《小过》：亨，利贞；可小事，不可大事；飞鸟遗之音，不宜上，宜下，大吉。

《彖》曰：小过，小者过而亨也；过以利贞，与时行也。柔得中，是以小事吉也；刚失位而不中，是以不可大事也。有飞鸟之象焉："飞鸟遗之音，不宜上，宜下，大吉"，上逆而下顺也。

《象》曰：山上有雷，小过；君子以行过乎恭，丧过乎哀，用过乎俭。

【译文】

《小过》卦：亨通，适宜守持正固；可以实行小事，不可以实行大事；就像飞鸟留下了声音，不适宜向上，适宜向下，大为吉祥。

《彖传》说：小过，柔小者有所超越可以获得亨通；超过而能够守持正固，可以称得上与时俱进了。应柔者获得中位，所以施行小事吉祥；刚健者失去中位，所以不可以实行大事。卦中用飞鸟来比喻："飞鸟遗之音，不宜上，宜下，大吉"，向上逆行而向下顺行。

《象传》说：山顶上有雷声轰鸣，小过；君子应该行为超过一般的恭敬，丧事超过一般的哀痛，花费超过一般的节俭。

笔　记

"小过"，略有超过之意，是相对"大过"而言的。"大过"，过分的超过往往难以获得吉祥，但是"略有超过"却通常可以获得吉祥。当然，因为有所过，所以还是不宜行大事,也不宜逆势而行。

卦辞之中用了一个很美的意象:飞鸟遗其音,让人想象到飞鸟在高空飞翔、鸣叫,声音不时传下。为什么不宜上而宜下呢?自然是飞鸟飞在高处,声音向上传毫无意义,也无人欣赏,唯有下传才会有听众,才会有人欣赏声音的唯美。

"小过"说明行为举止更为谨慎、小心,这正是领导者需要做到的。所以《象传》说:"君子以行过乎恭,丧过乎哀,用过乎俭。"

行动指南

管理者需要以身作则,在每一件事上都必须比普通员工更加用心,更为严谨。如此一来,方可获得员工们的尊重。

星期三
不及其君

初六,飞鸟以凶。

《象》曰:"飞鸟以凶",不可如何也。

六二,过其祖,遇其妣;不及其君,遇其臣,无咎。

《象》曰:"不及其君",臣不可过也。

九三,弗过防之,从或戕之,凶。

《象》曰:"从或戕之",凶如何也?

【译文】

初六,飞鸟逆势向上会有凶险。

《象传》说:"飞鸟以凶",自取凶咎,这是无可奈何的事。

六二,超过祖父,遇到了祖母;不及君王,遇到了他的臣子,没有危害。

《象传》说:"不及其君",臣子不可以越权君王。

九三,不肯过多防备,将要受到攻击,有凶险。

《象传》说:"从或戕之",这种凶祸还不大吗?

笔 记

初六,适宜安静居守,不适宜逆势飞扬,所以说像飞鸟一样逆势向上会有凶险。对于初六来说,这是无可奈何的事。

六二,可以超越自家的祖父,但是不可以超过君王,这是作为臣子极其重要的一项原则。历来有多少能人异士因为超越了帝王而遭受杀戮,作为臣子应该有所抑制,而不应恃才自傲。

九三,因为不肯充分防备而受到他人的攻击,从而导致凶险。这一爻告诫世人,当防则防,决不可轻信他人,招致危害。

行动指南

在企业内处事同样如此,作为下属不应该恃才自傲,尽管在上司作出错误决策时需要及时提醒,但也必须采用一种使对方能够接受的方式进行,以免为自身带来不必要的麻烦。

星期四
亢必有悔

九四,无咎,弗过遇之;往厉必戒,勿用,永贞。

《象》曰:"弗过遇之",位不当也;"往厉必戒",终不可长也。

六五,密云不雨,自我西郊;公弋取彼在穴。

《象》曰:"密云不雨",已上也。

上六,弗遇过之;飞鸟离之,凶,是谓灾眚。

《象》曰:"弗遇过之",已亢也。

【译文】

九四,没有危害,不过分刚强就会遇到阴柔;前往有危害所以必须警戒,不适宜施展才华,适宜长久守持正固。

《象传》说："弗过遇之"，位置不适宜；"往厉必戒"，终究不可以长久。

六五，浓云密布却不下雨，从城邑的西郊升起；王公射取躲藏在穴中的猎物。

《象传》说："密云不雨"，六五旺盛的阴气已经往上去了。

上六，已经超过去了；飞鸟陷入罗网，有凶险，这就叫天灾人祸。

《象传》说："弗遇过之"，位置已经过高了。

笔 记

九四，尽管没有危害，也能够遇到六五，但是一定要警戒，不适宜施展自身的才华。为什么？因为九四以阳居阴位，而上承六五之阴柔之身，绝不可恃才自傲，超越君王，否则要招来杀身之祸。

六五，这样的君王并不可取。为什么？因为有德的君王是不会射杀躲藏在洞穴之中的猎物的，这是一种道德的体现，而六五却做了，这种举动太过分了。

上六，因为太过了，所以没有人与之应合，就像飞鸟陷入了罗网，大有凶险。看来"亢"永远都不是什么好事。

行动指南

做任何事情都必须掌握好一个尺寸，太过了必定会遭受挫折，企业经营也是如此。过分执著于既定的战略就会错过市场中良好的机遇；过于把握机遇，又会丧失企业原本的价值理念。管理者的高明之处在于能够做到有效、适中的平衡。

星期五
思患而预防之

《既济》：亨小，利贞；初吉终乱。

《彖》曰："既济，亨"，小者亨也。"利贞"，刚柔正而位当也。"初吉"，柔得中也；"终止则乱"，其道穷也。

《象》曰：水在火上，既济；君子以思患而预防之。

> 【译文】
>
> 　　《既济》卦：柔小者获得亨通，适宜守持正固；若不慎守，最初吉祥最后将混乱。
>
> 　　《象传》说："既济，亨"，柔小者获得亨通之意。"利贞"，刚健者与阴柔者行为端正而位置适宜。"初吉"，阴柔者得中位；"终止则乱"，这种方式是没有出路的。
>
> 　　《象传》说：水面上有火，既济；君子应该考虑可能出现的危害而作好预防。

笔　记

　　"既济"，既成事实之意。可是《既济》全卦并没有强调"既成事实"的好处，而是不断传达守成之艰难，这是作《易》者一贯的防患于未然的态度。历来都有"打天下容易，守天下难"的感慨，可见，在既济之后，的确还有很多问题需要处理，稍有不慎则前功尽弃。

　　由此看来，《象传》所谓的"君子以思患而预防之"，毫不为过。

行动指南

　　企业走出创业困境之后，管理者往往会松懈下来。可是事物发展的规则永远都是"泰极否来"，所以管理者一定不可疏忽，而是应该加强警戒，及时觉察不良状况，做到防患于未然。

举而错之天下
之民谓之事业

小人勿用

初九,曳其轮,濡其尾,无咎。

《象》曰:"曳其轮",义无咎也。

六二,妇丧其茀,勿逐,七日得。

《象》曰:"七日得",以中道也。

九三,高宗伐鬼方,三年克之;小人勿用。

《象》曰:"三年克之",惫也。

【译文】

初九,向后拖曳车轮而使其不猛烈前行,小狐渡河打湿了尾巴,没有危害。

《象传》说:"曳其轮",理应没有危害。

六二,妇人丢失了车辆上的蔽饰,不要追寻,七天之内会失而复得。

《象传》说:"七日得",因为恪守正中之道。

九三,高宗讨伐鬼方,三年终于攻克了对方;小人不可以得到重用。

《象传》说:"三年克之",持续努力以致疲惫不堪。

笔 记

初九,不适宜前进,所以拖曳车轮使之无法前行,这样自然就没有危害了。

六二,妇人失去了车前的遮蔽之物,不适宜出门了,与其去寻找,还不如静以待守。

九三,举了高宗讨伐鬼方的例子,三年攻克敌军,大军疲惫,这时一定要谨防小人,一旦小人道长,将遭遇厄运。

行动指南

　　经营企业同样应该谨防小人，一旦小人取得管理权，最终必然导致团队涣散、人心不稳，企业的发展也就无从谈起。

星期二
终日戒备

　　六四，繻有衣袽，终日戒。

　　《象》曰："终日戒"，有所疑也。

　　九五，东邻杀牛，不如西邻之禴祭，实受其福。

　　《象》曰："东邻杀牛"，不如西邻之时也；"实受其福"，吉大来也。

　　上六，濡其首，厉。

　　《象》曰："濡其首，厉"，何可久也？

【译文】

　　六四，再华丽的衣服也会变成旧衣服，应当整天保持警戒。

　　《象传》说："终日戒"，心里有所猜疑。

　　九五，东边的邻国杀牛盛祭，不如西边的邻国举行的微薄的"禴祭"，更能够切实地承受上天的福惠。

　　《象传》说："东邻杀牛"，不如西边的邻国顺应时势；"实受其福"，吉祥大大降临。

　　上六，像小狐狸渡河弄湿了头，有危害。

　　《象传》说："濡其首，厉"，怎么可以长久呢？

笔　记

　　六四，传达了一个真理：任何美好的事物都有可能转变为恶劣的事物，就像华丽的衣服最终也会变成破旧的衣服。所以，我们应该时时警戒，刻刻小心。

　　九五，证明了顺应时势的重要性，有时候不在于付出的多少，而在于能否把握住机遇。当然机遇只垂青有准备的人。所以我们应该时刻作好准备,一旦机遇出现,立即抓住。

上六,太不小心了,竟然在渡河时弄湿了自己的头,这样麻痹大意一定会有危害的。

行动指南

无论企业发展得多么强盛,管理者都应该时刻保持小心谨慎的态度,因为一有不慎,就会导致企业的衰落。近年来,许多企业因为违背经营道德而遭遇发展困境的例子已经证明了这一点。

星期三
慎辨物居方

《未济》:亨;小狐汔济,濡其尾,无攸利。

《彖》曰:"未济,亨",柔得中也。"小狐汔济",未出中也;"濡其尾,无攸利",不续终也。虽不当位,刚柔应也。

《象》曰:火在水上,未济;君子以慎辨物居方。

【译文】

《未济》卦:亨通;小狐狸渡河即将成功,被水打湿尾巴,无所利益。

《彖传》说:"未济,亨",阴柔者得到中位。"小狐汔济",尚未脱离危险;"濡其尾,无攸利",不能够小心谨慎直到最终。《未济》卦六爻虽然位置不适当,但是刚健者与阴柔者能够相互应合。

《象传》说:火在水的上面,未济;君子应该谨慎分辨万物,使它们得以各居其所。

笔 记

"未济",没有成功之意。读到此处,令人心生疑惑:既然《既济》了,怎么又来了个《未济》?但深入解读之后才发现这也是必然的。因为《周易》讲述的是变易而无穷尽之道,万事万物不可能以《既济》结束,所以,作《易》者以《未济》作为最后一卦。"终点往往也意味着起点"说的也许就是这个意思吧。

"未济"乃是作了很大的努力却没有取得预期的结果,就像小狐狸渡河,快要成功了却被打湿了尾巴。由此,我们可以判断出作《易》者的真正用心:他并非强调不可成功,而是告诉我们如何才能够避免未济,所以全卦贯穿着"谨慎"之意。

《象传》也是强调了"慎"字,原本"辨物居方"便已足够,但是作《易》者在此之前加上一个"慎"字,说明在即将成功之时,我们更加应该小心谨慎。

行动指南

在一项任务即将取得成功之时,我们更需要谨慎对待,以免出现问题导致全盘皆输。事实上,自一项新的计划实行之时,谨慎必须贯穿始终,任何一个地方出现问题都可能导致全局的失败。

星期四
不知极也

初六,濡其尾,吝。

《象》曰:"濡其尾",亦不知极也。

九二,曳其轮,贞吉。

《象》曰:九二贞吉,中以行正也。

六三,未济,征凶,利涉大川。

《象》曰:"未济征凶",位不当也。

【译文】

初六,小狐狸渡河打湿了尾巴,有所遗憾。

《象传》说:"濡其尾",初六太不知道保持谨慎守中了。

九二,向后拖曳车轮使之无法前行,守持正固可获吉祥。

《象传》说:九二"贞吉",位置居中而且行为符合中正之道。

六三,没有成功,前往有凶险,利于渡过大河巨流以脱离险境。

《象传》说:"未济征凶",位置不适宜。

笔 记

初六,以阴居阳位,而且位于《未济》卦之底,所以不宜急于求成,应该安居静心,所以渡河必然遭遇危害。为什么初六会如此呢? 因为它"不知极也"。何谓"不知极也"? "不知"比较容易理解,"极"却不易理解。此处的"极"不是"极端"之"极",也非"积极"之"极",而是"太极"之"极"。所谓"太极",即一切都处于适中的位置,如此一来才能够分辨阴阳,所以"不知极也"应该理解为:不知如何才能够保持行为适宜守中。初六的问题在于尚未明白世事之理。

九二,能够保持谨慎,并且居下卦中位,行为正直,所以吉祥。

六三,应该退而与九二共同守持正固,应对"大川"之难,从而得以磨炼,再寻求发展时机。

行动指南

做任何事情都要讲求一个"中"字,即适宜。管理其实很简单,就是在适合的时间让适合的人做适合的事。而这恰好体现了中国传统思想之中的"中庸"之道。

星期五
不知节也

九四,贞吉,悔亡;震用伐鬼方,三年有赏于大国。

《象》曰:"贞吉悔亡",志行也。

六五,贞吉,无悔;君子之光,有孚,吉。

《象》曰:"君子之光",其晖吉也。

上九,有孚于饮酒,无咎;濡其首,有孚失是。

《象》曰:"饮酒濡首",亦不知节也。

【译文】

　　九四,守持正固可获吉祥,悔恨消失;以雷霆之势讨伐鬼方,三年获得成功,受封为大国诸侯。

　　《象传》说:"贞吉悔亡",志向得以实行。

　　六五,守持正固可获吉祥,没有悔恨;这是君子的光辉,心怀诚信,吉祥。

　　《象传》说:"君子之光",这样的照耀是吉祥的。

　　上九,饮酒而有诚信,没有危害;如果安逸过度即像小狐狸渡河被打湿了头部,无限委信于人也会有损害。

　　《象传》说:"饮酒濡首",是不知道如何节制的后果。

笔 记

　　九四,上承六五,可谓立功之时,所以讨伐鬼方,三年有得,最终受封为大国之诸侯。

　　六五,以谦谦君子位居君王之位,自然可以让君子之风传遍国土,一切吉祥。

　　上九,沉湎于饮酒欢乐之中,即便有诚信又如何? 更何况在饮酒享乐之时还不知节制,胡乱而为,最终打湿了头部,这样的举动可谓荒唐。

行动指南

　　上九代表位居高位者,相应的即为企业的管理者。《未济》向管理者们提了一个超出诚信之外的要求:行为要注意节制,要控制好度。不要有过分的举动,否则将影响到自身的威信和形象。

方以类聚,物以群分

天尊地卑,乾坤定矣。卑高以陈,贵贱位矣。动静有常,刚柔断矣。方以类聚,物以群分,吉凶生矣。在天成象,在地成形,变化见矣。是故刚柔相摩,八卦相荡,鼓之以雷霆,润之以风雨,日月运行,一寒一暑。

——《系辞上》

【译文】

以天为尊,以地为卑,乾坤的属性就确定了。从低向高陈列开来,贵与贱的位置就确定了。运动与静止有一定的规律,刚与柔便确定了。相同类别的东西会聚集在一起,各类事物会以不同的群类分开发展,这样就产生了吉与凶。在天上展示为意象,在地上演变为万物的形体,变化就这样出现了。因此,刚与柔相互感应(而生八卦),八卦相互推移变换(衍成六十四卦),用雷霆来鼓动它,用风雨来滋润它,太阳月亮运行不断,形成寒暑。

笔　记

《系辞》相传是孔子所作,其内容主要是为了对《周易》进行一个高度的概括,使其中所蕴涵的思想更加浅显易懂。所以对于研究《周易》的人来说,《系辞》不可不读。

这段文字讲述了《周易》中的几组核心概念:乾与坤、刚与柔、吉与凶、象与形等。说明《周易》是通过天地日月、事物的相聚分类之象为创作依据的。其中"方以类聚,物以群分"尤其值得注意。

人与人是因为观念相同而走到一起的,物与物是因为习性不同而被划分为不同的群体的,将这一近乎真理的观念运用到企业之中将会如何呢?结果自然是:每个企业都有自身独特的远景、价值观和文化,那就意味着它只能吸引认同这些远景、价值观和文化的人员加盟,对于那些无法产生认同感的人,即便是一时兴起而加入,合作也不会长久。

行动指南

尽管人才难求,但是每家企业依然应该选择认同自身发展观念的人员,而不是盲目引进人才,否则永远都无法形成一支富有凝聚力的核心团队。

星期二
乾以易知,坤以简能

乾道成男,坤道成女。乾知大始,坤化成物。乾以易知,坤以简能。易则易知,简则易从。易知则有亲,易从则有功。有亲则可久,有功则可大。可久则贤人之德,可大则贤人之业。易简而天下之理得矣。天下之理得,而成位乎其中矣。

——《系辞上》

【译文】
　　乾道象征男性,坤道象征女性。乾的作用是创始万物,坤的作用是形成万物。乾道的运行容易知晓,坤道的运行简单而能掌握。容易就可以轻易知晓,简单就可以轻易采用。容易知晓就会有人亲附,容易采用就可以取得功绩。有人亲附就可以长久,取得功绩就可以壮大。处世长久的是贤人的美德,立身壮大的是贤人的事业。在容易与简单之中可以理解天下万物的生长之理。理解了天下万物的生长之理,就可以确定自身的位置了。

笔　记

　　《系辞上》的这段文字主要讲述了乾坤二卦的象征和用途,同时表述了乾坤两者的特色:乾以易知,坤以简能。我们知道乾坤二卦是《周易》的门户,也是万物之始,不能够理解这两卦,就无法读懂《周易》。

作《易》者深知这一点,所以在创作时赋予了乾坤二卦两个字:易和简。事实上,天地运行,寒来暑去,其中的道理都是很简单的,而现实之中,我们需要处理的事务也是简单易行的,并不复杂。但是为什么很多企业依然在管理上问题多多呢?原因很简单:管理者自身的素质不够,不能够让员工们信服并积极主动地投入工作。

行动指南

企业经营无难事,只要每个人都能够尽到自身应该尽到的职责,担负起相应的责任,企业就一定可以顺利发展和成长。

星期三
自天佑之,吉无不利

圣人设卦观象,系辞焉而明吉凶,刚柔相推而生变化。是故吉凶者,失得之象也;悔吝者,忧虞之象也;变化者,进退之象也;刚柔者,昼夜之象也。六爻之动,三极之道也。

是故君子所居而安者,《易》之序也;所乐而玩者,爻之辞也。是故君子居则观其象而玩其辞,动则观其变而玩其占。是以自天佑之,吉无不利。

——《系辞上》

【译文】

圣人观察天地之间的物象而设立卦象,并为各卦撰写文辞以道明吉凶,明确卦中刚柔互相推移而产生的变化。所以,吉与凶,是指得到与失去;悔与吝,是指担忧、忧虑;各种变化,是指进与退;刚与柔,是指白昼与黑夜。六爻的变动,包含着天、地、人三者之道。

所以,君子安心静处的地方,是符合《周易》所显示的位置的;君子所喜爱玩味的,是爻辞。所以,君子静居时就观察卦爻的意象,玩味卦爻之辞,行动时就贯彻卦爻的变化,玩味其中的占卜之意。所以,上天佐佑他,吉祥而没有任何不利。

笔 记

"自天佑之，吉无不利"是每个人都希望达到的境界。在常人看来，这几乎是不可能的，但是孔子却告诉我们这是可以实现的。那么，如何才能实现呢？很简单，遵循《周易》的指导。

圣人作《周易》是在对天地运行之道、事物成败之道有着充分了解和把握之后，所以每一卦、每一爻都揭示了事物发展的规律和应该采取的行动与措施，得失成败全部都在其中。只要读懂《周易》，并严格按照《周易》的指示采取行动，就可以做到顺应天时，符合天地之道，最终获得"自天佑之，吉无不利"的结局。

那么，应该具体从《周易》中学到什么呢？孔子说："天之所助者，顺也；人之所助者，信也。履信思乎顺，又以尚贤也。是以自天佑之，吉无不利。"应该学习的有三点：一，顺应天时；二，保持诚信；三，任用贤能之人。

行动指南

企业的发展也遵循着天地运行之规则，所以管理者应该从《周易》中学习到事物的变化发展之道，并将之运用到企业经营之中。同时，应该时刻保持诚信，任用能力、品德出色的人。

星期四
辞也者，各指其所之

象者，言乎象者也；爻者，言乎变者也。吉凶者，言乎其失得也；悔吝者，言乎其小疵也。无咎者，善补过也，是故列贵贱者存乎位，齐小大者存乎卦，辩吉凶者存乎辞，忧悔吝者存乎介，震无咎者存乎悔。是故卦有小大，辞有险易。辞也者，各指其所之。

——《系辞上》

【译文】
象辞是说明卦象的；爻辞是阐述各爻变化的。吉凶，是表达得到与失去的；

悔吝,说明有小弊病。无咎,是指知错能改的,所以,贵贱的排列在于爻位,确定刚大、柔小在于卦体,分辨吉凶在于卦爻之辞,忧虑悔吝在于防微杜渐,震惧无咎在于内心悔悟。所以,卦有大小之分,卦爻之辞表达了艰险与容易的区分。卦爻之辞,指示了变化发展的趋向。

笔 记

　　这段文字讲述了象辞、爻辞的用途,同时分析了吉凶、悔吝、无咎等《周易》中经常出现的词语,并对它们进行了解释,使读《易》者可以更为准确地了解卦辞和爻辞。

　　何谓吉凶? 乃是指得与失。何谓悔吝? 指存在小问题。无咎则是指在犯下错误之后能够及时悔悟、改正……总之,只要对卦爻之辞进行深入解读,人人都可以从中找到自身的位置,并且知晓下一步应该如何走向。

行动指南

　　认真研读《周易》的卦爻之辞,人们会发现自身所处的每一个状况都被提及到,并且《周易》还暗示了我们下一步应该采取的措施及行动方法。

星期五

与天地相似,故不违

　　《易》与天地准,故能弥纶天地之道。仰以观于天文,俯以察于地理,是故知幽明之故。原始反终,故知死生之说。精气为物,游魂为变,是故知鬼神之情状。与天地相似,故不违;知周乎万物而道济天下,故不过。旁行而不流。乐天知命,故不忧;安土敦乎仁,故能爱。范围天地之化而不过,曲成万物而不遗,通乎昼夜之道而知。故神无方而《易》无体。

——《系辞上》

【译文】

　　《周易》依天地之道而创作,所以包含了天地运行的普遍之道。抬头观察天文现象,低首观察地理现象,就能够知晓幽暗与光明的缘故。推究事物的起始并反求它的终结,所以能够知晓生死的规律。精气凝聚成为万物,气魄涣散形成变化,所以,能够知晓鬼神的真实情况。《周易》的义理与天地运行的规则相似,所以不会违背自然的规律;知识遍及万物而道德足以广济天下,所以不会有过错。广泛推行而不滥施。乐天道而知天命,所以没有担忧;安于居所之地,培养深厚的仁心,所以能够爱人。包含天地的化育之功而不产生偏失,曲尽细致地成就万物而没有遗失,通彻了昼夜之道而无所不知。所以,事物的神妙不拘泥于固定的形式,而《周易》也没有一定的形态。

笔 记

这段文字依然讲述作《易》者创作的基础和根源。《周易》是在圣人"上察天文,下观地理"、"追寻事物起源与终结"、"掌握精气转换"之后创作的,最终达到了与天地运行之道完全吻合的地步。"《易》与天地准",从而可以"知识遍及万物而道德足以广济天下"而建圣人之功。一旦读通了《周易》,就可以做到"乐天知命",从而培养自身的品德,以达到"仁爱"。

当然,这段文字的根本仍在于"与天地相似,故不违"。因为采取的行动与天地运行之道吻合,所以不违天地,正所谓"先天而天不违,后天而奉天时"。

行动指南

每一个行业都有自身发展的规律,企业经营者应该深刻了解自身所在的行业,对其进行深入研究和分析,找出行业发展规律,并在此基础上寻找企业定位。如此一来,必定可以与时俱进,成为行业中的佼佼者。

第三周

星期一

一阴一阳之谓道

一阴一阳之谓道。继之者善也,成之者性也。仁者见之谓之仁,知者见之谓之知。百姓日用而不知,故君子之道鲜矣。显诸仁,藏诸用,鼓万物而不与圣人同忧,盛德大业至矣哉。富有之谓大业,日新之谓盛德。生生之谓易,成象之谓乾,效法之谓坤,极数知来之谓占,通变之谓事,阴阳不测之谓神。

——《系辞上》

【译文】

　　一阴一阳互相搭配变化称做"道"。传承道的是"善",形成道的是"性"。仁者见到"道"称之为"仁",智者见到"道"称之为"智"。百姓每天都在使用此"道"却不知晓,所以君子的"道"很少人能够明白。(天地之"道")显现为仁德,潜藏于日用,鼓动化育万物而不与圣人一起担忧,这种盛美的道德和伟大的功业称得上是至高无上了。不断富有称做大业,日日更新称做盛德。生生不息称做变易,形成形象称做乾,跟随法则称做坤,推究数理而知晓未来称做占卜,通达变化称做世事形态,阴阳运动不可测度称做神妙。

笔　记

　　任何事物都是由阴阳两部分构成的,就像天与地、日与月、乾与坤。企业内的阴阳指的是管理层与员工,管理层是阳,员工是阴。阴阳必须搭配得当,才可以促进事物发展。同样,在企业内,如果管理层与员工的搭配不当,必定会造成管理混乱。

　　因此,深刻理解"一阴一阳之谓道",对于管理者来说是必要的,更是必须的。

行动指南

　　企业管理的本质便是处理好管理层与员工之间的关系,每一位管理者都必须意识到:只有在员工的积极充分的配合下,企业才有可能取得持续稳定的发展。因此,处理好与员工的关系是管理者的首要职责。

星期二

易简之善配至德

　　夫《易》,广矣大矣! 以言乎远则不御,以言乎迩则静而正,以言乎天地之间则备矣。夫乾,其静也专,其动也直,是以大生焉;夫坤,其静也翕,其动也辟,是以广生焉。广大配天地,变通配四时,阴阳之义配日月,易简之善配至德。

——《系辞上》

【译文】

　　《周易》的道理何等广大! 用它解释远处的事物则无所界限,用来说明近处的事物则清楚正确,用来说明天地之间的万事万物则完备无遗。乾,静止时保持专一,运动时保持正直,所以产生大的气魄;坤,静止时闭合,运动时张开,所以生出万物。广大配合天地,变化流通配合四季轮回,阴阳的原理配合日月运行,容易简单的优点配合至高的德行。

笔　记

　　前面说到"乾以易知,坤以简能",由此证实《周易》所包含的道理都是通俗易懂、简单可行的,只要用心体会都能够运用到现实之中。这里对运用者提出了要求,"易简之善配至德",缺少德行的人运用《周易》之道,只会误入歧途。

　　这是中国传统文化之中的"适合"之道,两者必须搭配适宜才可能产生美好的结果,两者不适合只能产生恶劣的后果,而《周易》的"易简"只能与拥有"至德"的人配合。

行动指南

　　管理者的德行如何强调都不为过。如今随着社会对企业经营道德要求的不断提高,管理者的品德已经成为一个备受关注的话题,每一位管理者都应该将提升道德和完善自身视为最重要的经营任务之一。

星期三
崇德广业

　　子曰:"《易》其至矣乎! 夫《易》,圣人所以崇德而广业也。知崇礼卑,崇效天,卑法地。天地设位,而《易》行乎其中矣。成性存存,道义之门。"

——《系辞上》

【译文】

　　孔子说:"《周易》的道理可以称得上是最高明的了!《周易》,是圣人用来推崇道德扩大功业的。智慧贵在崇高,礼节贵在谦卑,崇高是效仿天,谦卑是效法地。天地设置了尊卑之位,而《周易》的道理在其中运行。成就善德,反复涵养蕴升,即找到了通向道义的大门。"

笔　记

　　到这里,《周易》的当代性终于被提及,"崇德广业"这是任何一个时代都避不开的话题,因此,就具备了普适性。对于今天这一商业发展旺盛的时代,崇德广业更是重要。

　　孔子在研读《周易》之后得出了以上结论,可谓对《周易》进行了客观中肯的评价和定位。事实上,从《周易》看来,乾与坤是一个辩证的整体,所以崇德广业也是一个不可分割的整体。崇德是学习天道,广业是效法地道,这样我们就可以理解"崇德"是为了促进"广业","广业"离不开"崇德"。

行动指南

促进企业发展可谓"广业"，管理者作为促进企业发展的主导者，首先应该"崇德"，不断提升自身的品德，这样才可以做到真正意义上的"广业"。

星期四

拟议以成变化

圣人有以见天下之赜，而拟诸其形容，象其物宜，是故谓之象。圣人有以见天下之动，而观其会通，以行其典礼，系辞焉以断其吉凶，是故谓之爻。言天下之至赜而不可恶也，言天下之至动而不可乱也。拟之而后言，议之而后动，拟议以成其变化。

——《系辞上》

【译文】

圣人见到天下事物的复杂微妙，就把它们比拟成具体的形象，用来表达特定事物适宜的意义，所以称做"象"。圣人见到天下事物的变化发展，就观察它们的会合变通，并依此施行典法礼仪，并撰写文辞来解说吉凶，所以被称做"爻"。《周易》说明天下事物的复杂微妙而不错失，说明天下事物的运动变化而不混乱。先比拟然后说明道理，先审议事物规律然后揭示变动，通过比拟和审议成就变化之道。

笔 记

这段文字讲述了"象"与"爻"的创作由来，进一步描绘了圣人"仰观天文，俯察地理"的作《易》过程。强调了《周易》所揭示的是"天下之赜"和"天下之动"，是包含了万事万物的变化与微妙之处的，所以不可不读。

我觉得圣人作《易》的方法倒是值得很多管理者学习和参考：通过比拟和审议，细致观察和深入研究相结合，主观与客观相结合，最终确定《易》理。同样，管理者在设定企业文化和理念之时,是不是也应该如此呢?是否也应该结合企业现状,然后发挥主观思考,最终使两者结合而确定出适宜的企业文化和价值观呢?答案自然是肯定的。

行动指南

不要盲目套用成功企业的经营理念和价值观,应该根据企业所处的行业环境以及自身的能力和资源,设定企业价值观和文化。只有在此基础上确定的企业文化和价值观才是真正有效的,才可以产生凝聚力和向心力。

星期五
言行必慎

"鸣鹤在阴,其子和之。我有好爵,吾与尔靡之。"子曰:"君子居其室,出其言善,则千里之外应之,况其迩者乎?居其室,出其言不善,则千里之外违之,况其迩者乎?言出乎身,加乎民;行发乎迩,见乎远。言行,君子之枢机。枢机之发,荣辱之主也。言行,君子之所以动天地也,可不慎乎?"

——《系辞上》

【译文】

"白鹤在山阴鸣叫,它的同类与之和鸣。我有美酒一壶,愿与你一起分享。"孔子说:"君子居住在家里,说出美善的言语,千里之外的人也会应合,何况是身边的人?君子居住在家中,说出没有道理的话来,千里之外的人也会违背,何况是身边的人呢?言辞出于自身,要施加给人民,行为在近处发生,远方的人也能够知晓。言语和行为,是君子处世的枢纽机关,枢纽机关一发动,就决定了荣耀和耻辱。言语和行为,是君子用来感动天地的关键,怎么可以不慎重呢?"

笔 记

"鸣鹤在阴"句是《中孚》卦九二爻辞,孔子的这段话便是对其的解说。但是孔子并没有局限于爻辞本身，而是作了延展，从"其子和之"延伸到"千里之外"的"应"和"违"。

孔子的解说重心其实只有三个字："言行"和"慎"，即言行必须慎重。这的确值得每一个人注意，尤其是管理者。现实中很多管理者言行极度不慎重，说出的话常常不了了之，行动也不庄重，最终导致员工对他们缺乏信任和尊重。

事实上，言行是一个人最容易为人所接受和认识的部分，言行不当，必然会招致他人的反感。

行动指南

培养道德，首先应该从自身的言行开始谨言慎行。

星期一

极深而研几

《易》有圣人之道四焉：以言者尚其辞，以动者尚其变，以制器者尚其象，以卜筮者尚其占。是以君子将有为也，将有行也，问焉而以言，其受命也如响。无有远近幽深，遂知来物。非天下之至精，其孰能与于此？参五以变，错综其数。通其变，遂成天地之文；极其数，遂定天下之象。非天下之至变，其孰能与于此？《易》，无思也，无为也，寂然不动，感而遂通天下之故。非天下之至神，其孰能与于此？

夫《易》，圣人之所以极深而研几也。唯深也，故能通天下之志；唯几也，故能成天下之务；唯神也，故不疾而速，不行而至。子曰"《易》有圣人之道四焉"者，此之谓也。

——《系辞上》

【译文】

《周易》含有四个方面的圣人之道：注重言语的人推崇它的言辞之精义，注重行动的人推崇它的变化规律，制造器物的人推崇它的意象，占卜的人推崇它的占验原理。所以，君子准备有所作为，准备有所行动时用《周易》占问而发言行事。不论是远近，还是幽暗的深奥的，都可以推知未来的状况。若不具备通晓天下最精微道理的能力，谁又能够做到这些？三番五次地演变，错综往复地推数。会通其中的变化，于是形成天下的形态；穷究其中的数字，于是可以确定天下的物象。若不是通晓天下极为复杂的变化，谁又能够做到这些？《周易》，没有思虑，没有行为，寂然不动，根据阴阳交感的原理就可以会通天下万物之道理。若不是通晓天下最为神好的规律，谁又能够做到这些？

《周易》，是圣人用来穷究幽深事理并探研细微意象的书本。只有穷究幽深事理，才能够会通天下的心志；只有探研细微意象，才能够成就天下之务；只有拥有神妙，才可以不匆忙却迅速，不行走而道理自至。孔子说"《周易》含有四个方面的圣人之道"，正是说的这一切。

笔 记

这段文字充分展示了《周易》的价值和用途,至今为止,《周易》的这四项功能依然很有价值,而人们对《周易》的解读也正是从这些方面展开的。

但是,有一个根本性的问题是:必须真正读懂《周易》,否则就不可能做到"遂知来物",更不可能做到"通天下之志"、"成天下之务"、"不疾而速,不行而至"。那么,如何才能够读懂《周易》呢?文中已有交待:"极深而研几。"只有穷极幽深事理并探研细微意象,才有可能真正理解《周易》,从而依此采取行动。

行动指南

对于管理者来说,要管理好企业就必须将与企业经营相关的一切全都研究透彻,无论是市场、消费者,还是员工,管理者都应该有一个清晰深刻的认识。唯有如此,才可以成为优秀的管理者。

星期二
神以知来,知以藏往

子曰:"夫《易》何为者也?夫《易》开物成务,冒天下之道,如斯而已者也。"是故圣人以通天下之志,以定天下之业,以断天下之疑。是故蓍之德圆而神,卦之德方以知,六爻之义易以贡。圣人以此洗心,退藏于密,吉凶与民同患。神以知来,知以藏往,其孰能与于此哉?古之聪明睿知,神武而不杀者夫!

——《系辞上》

【译文】

孔子说:"《周易》可以用来做什么?《周易》可以开启万物,成就事务,涵盖天下的一切道理,如此而已。"所以,圣人用它贯通天下人的心意,确定天下的各项事业,决断天下的各种疑问。所以,推数的作用圆通而神妙,卦象的作用方正而明智,六爻的意义在于通过变化使人知晓(吉凶)。圣人用它来洁化心灵,退藏隐秘其功用,与百姓一起承担吉凶。神妙可以使其推知未来,智慧可以让他容纳历史的经验,谁又能够做到这一切呢?只有古代聪明睿智,神武而不用刑杀的君主才可以吧!

笔 记

这段文字对《周易》的作用进行了高度的概括。"开物成务,冒天下之道"是孔子对《周易》最为中肯的评价,通过对《周易》的学习,人们可以做到以下几点:一,通天下之志,了解天下人的心愿,如此一来,就可以凝聚人心;二,定天下之业,如此便可以确定自身的事业,并且掌握如何发展和壮大事业的规则,做到从容不迫、游刃有余;三,断天下之疑,从《周易》中获得高明的智慧,用以判断天下的各种疑问。

作为管理者,一旦领悟了《周易》中所包含的道理,就可以做到与下属同进同退,共迎困难。同时,能够推知未来,并且具备融会贯通的智慧和能力。

行动指南

学习《周易》,可以做到防患于未然。同时也可以对自身企业的未来有一个清晰的认识和规划,并且与员工们高度保持一致,共同促进企业的发展。

星期三
一阖一辟谓之变

是以明于天之道,而察于民之故,是兴神物以前民用。圣人以此齐戒,以神明其德夫!是故,阖户谓之坤,辟户谓之乾。一阖一辟谓之变,往来不穷谓之通。见乃谓之象,形乃谓之器。制而用之谓之法,利用出入,民咸用之谓之神。是故,《易》有太极,是生两仪。两仪生四象,四象生八卦。八卦定吉凶,吉凶生大业。

——《系辞上》

【译文】

因此,明了了天体的运行之道,又能够观察百姓的实际状况,于是发明神奇的著占之物引导百姓去使用。圣人用《周易》来修身警戒，正是为了神妙地显示其道德吧！因此，关其门户称做坤，打开门户称做乾，一闭一开称做变化，来来往往变化无穷称做会通。显示出来的称做现象，具体有形的称做器皿。制造出来并且使用的称做法则，反复利用、百姓都在用它（却不知来历）的称做神妙。因此，《周易》先有太极，而太极生两仪，两仪生四象，四象生八卦。通过八卦的变化推衍断定吉凶，吉凶则预示着盛大的事业。

笔 记

《周易》是圣人创作出来帮助百姓趋吉避凶的书籍，其中的道理可以归结为"一阴一阳"，也可以归结为"一阖一辟"。"一阖一辟谓之变"，《周易》所阐述的正是变化之道，而变化就在于一闭一开、一阴一阳的相互转换，明白了这一点，就会通了事物发展的规律。

行动指南

对于企业管理来说，"一阖一辟"，正所谓静以规划，动以执行。只有在静中才可以将一切思考透彻，也只有在严格的执行之下，规划才可以转化为现实。

星期四
立成器以为天下利

是故法象莫大乎天地，变通莫大乎四时，县象著着明莫大乎日月。崇高莫大乎富贵。备物致用，立成器以为天下利，莫大乎圣人。探赜索隐，钩深致远，以定天下之吉凶，成天下之亹亹者，莫大乎蓍龟。是故，天生神物，圣人则之。天地变化，圣人效之。天垂象，见吉凶，圣人象之。河出图，洛出书，圣人则之。《易》有四象，所以示也。系辞焉，所以告也。定之以吉凶，所以断也。

——《系辞上》

【译文】

　　因此,取法的对象没有比天地更大的,变化通达的情形没有比四季更大的,悬挂而显现的现象没有比日月更大的。让人推崇信服的没有比富贵更大的。备置物体让人使用,制造器皿来便利天下,没有比圣人(功德)更大的。探索幽深细微的道理,推及遥远,依次来确定天下的吉凶,促成天下万民勤勉不息的,没有大过蓍与龟的。因此,上天赐予人类神妙的东西,圣人要效法(创立卜筮);天地之间的变化之道,圣人要仿效(制定法令)。天体垂示现象,显现吉凶之兆,圣人要模拟(造出测天仪器)。黄河出现龙图,洛水出现龟书,圣人要参照(撰制八卦九畴)。《周易》有四种重要的取象,所以可以显示一切(变化征兆)。附上卦爻之辞,可以告诉人们(变化情况)。文辞中确定吉凶的占辞,所以可以决断(行事得失)。

笔　记

　　这一小段讲述的还是《周易》的价值和用途。我关心的只有一点:圣人所做的事。在《系辞》中,所谓圣人,相当于古代的管理者,所以他们所做的一切可以给当下的管理者一些启发。"备物致用,立成器以为天下利",这是圣人做的事。很多人或许会认为圣人做的事不是常人可以做到的,但是这里提到的这些事难吗?

　　自然不难,而且是当今企业管理者应该做到的。首先,"备物致用",哪一家企业不是为了生产某种产品供人们使用? 如果生产出来的产品没有任何使用价值,相信任何企业都无法得以生存。其次,"立成器以为天下利",这其实与"备物致用"的意义是一样的。一旦生产的产品能够为人们所用,那就必定会改善人们的生活,也就有了利益空间。

行动指南

　　企业应该以消费者的实际需求为经营立足点,无论是生产、研发还是创新,都必须紧紧围绕着消费者的感受而开展,一旦做到了这一点,就达到了"备物致用,立成器以为天下利"的境界。

星期五
举而错之天下之民谓之事业

乾坤，其《易》之缊邪？乾坤成列，而《易》立乎其中矣。乾坤毁，则无以见《易》。《易》不可见，则乾坤或几乎息矣。是故形而上者谓之道，形而下者谓之器，化而裁之谓之变，推而行之谓之通，举而错之天下之民谓之事业。

——《系辞上》

【译文】

乾卦与坤卦，应该是《周易》的精髓吧？乾卦与坤卦排列成序，《周易》的法则就在其中建立起来了。乾卦与坤卦毁灭，也就没有《周易》了。《周易》消失，乾卦和坤卦的用途也几乎消失了。因此，超越形体之上的称做道，位于形体之下的称做器，化解裁定的称做变化，推崇道义而行动的称做会通，将道推举出来并交给天下万民的称做事业。

笔 记

这里面涉及一个核心概念：事业。关于事业，每个人都会好奇：什么是圣人的事业？什么又是管理者的事业？

《周易》提供了答案："举而错之天下之民谓之事业"。圣人的事业是将道理推举出来，并让天下百姓都学会运用。那么，管理者的事业是什么？自然是辅导员工，使每个人都能够胜任自身的工作，并在工作之中实现自身价值最大化。

行动指南

辅导员工是管理者的首要职责。

精义入神，以致用也

第一周

星期一

不言而信,存乎德行

极天下之赜者存乎卦,鼓天下之动者存乎辞,化而裁之存乎变,推而行之存乎通,神而明之存乎其人,默而成之,不言而信,存乎德行。

——《系辞上》

【译文】

穷尽天下微妙的道理在于卦象;鼓动天下事物变动振奋的在于卦爻之辞;教化万物并且互为裁定的在于变化;推崇万物并采取行动的在于会通;将《周易》的道理神妙并且彰显于人的在于圣人;默默潜修有所成就,不用说话而取信于人,在于美好的德行。

笔 记

本段文字强调了"卦"、"辞"、"变"、"通"、"人"、"德行"的重要性,并描述了各自的价值和意义。其中"德行"是延伸出来的,意思是"德行"具备与其他诸如"卦"、"辞"相同的功能,而它的功能在于"默而成之,不言而信"。"默"与"不言"是同一个意思,都是不发出声音,默默地做成事情,不需要言语就可以获得信任。什么人可以做到这一点?自然是有德行的人。

这是《系辞》的作者借题发挥,再次强调了德行的重要性。

行动指南

作为一名管理者,德行是排第一位的,没有德行,表达能力再出色也不会得到下属的信任。而没有下属的信任,又如何才能获得他们的责任心和工作积极性呢?

星期二
天下之动，贞夫一者

八卦成列，象在其中矣。因而重之，爻在其中矣。刚柔相推，变在其中矣。系辞焉而命之，动在其中矣。吉凶悔吝者，生乎动者也。刚柔者，立本者也。变通者，趣时者也。吉凶者，贞胜者也。天地之道，贞观者也。日月之道，贞明者也。天下之动，贞夫一者也。

——《系辞下》

【译文】

八卦排列成序，万物的象征就在其中了。八卦重新组合，爻就在其中了。刚与柔相互推移，变化就在其中了。卦爻之辞给予说明，变动就在其中了。吉、凶、悔、吝，是因为变动而产生的。刚与柔，是一切站立的根本。变化与会通，是配合时势而行动。吉凶之道，要定位在取胜。天地运行的规则，要定位在可供观察。日月的法则，要定位在光明。天下一切的运动，要定位在守正专一上。

笔 记

"天下之动，贞夫一者"，这是一句充满哲思味道的话，但是传达的道理又是客观的、准确的。世界的一切都在遵循着同样的道理，用老子的话说，这一道理便是"自然之道"。那么，企业管理应该如何遵循"自然之道"呢？这就必须先了解企业生存与发展的根本，我们知道企业之本在于市场需求，只有创造了符合市场需求的产品，企业才得以生存。

行动指南

在商业道德的指导下，最大化地满足市场的需求，是企业得以永续发展的根本。

星期三

仁以守位

夫乾，确然示人易矣。夫坤，隤然示人简矣。爻也者，效此者也。象也者，像此者也。爻象动乎内，吉凶见乎外，功业见乎变，圣人之情见乎辞。天地之大德曰生，圣人之大宝曰位。何以守位？曰仁。何以聚人？曰财。理财正辞，禁民为非曰义。

——《系辞下》

【译文】

乾卦，以刚健向人展示容易；坤卦，以柔顺向人展示简单。爻，就是效仿这一切的变动。象，就是模拟这一切的情态。爻与象在内部活动，吉与凶显现在外部，功绩表现在变化方面，圣人的情意表现在卦爻之辞中。天地的大功德为创生，圣人的大宝物是盛位。如何才能够守住位置？用仁德。如何聚集人才？用财物。打理财物，端正言论，禁止百姓为非作歹称做义。

笔 记

前半部分还是在讲爻、象，后面部分则讲述了"天地之德"和"圣人之道"。"天地之道"为"生"，"圣人之宝"乃是"位"，这是与《周易》的爻分不开的。我们在评价某一爻时，首先是看其"当不当位"，不当位则可能会有危害或是悔吝，所以说"位置"很重要。那么，什么才能够保持位置呢？是仁德。

行动指南

管理者当不当位非常重要，在不适合的位置上，往往很难服众；在适当的位置上，如果没有仁德，同样无法服众。

这里面还有一句话很值得注意："何以聚人？曰财。"有财才可以聚人，但是如果有了财，却死死抓着不愿与众人分享，同样还是没有办法聚人，这便是人们常说的"财聚人散，财散人聚"。

星期四

穷则变，变则通，通则久

《易》穷则变，变则通，通则久。是以"自天右之，吉无不利"也。

——《系辞下》

【译文】

　　《周易》的法则是：穷尽就会变化，变化就会通达，通达就会持久。所以说"自天右之，吉无不利。"

笔　记

　　事实上，这是作《易》者对自然中的万事万物观察之后总结出来的法则。这是事物发展的必然规律，迫于穷尽就会发生变化，而由此获得通达，并且持久。

行动指南

　　"穷则变，变则通，通则久"是每一位企业经营者都应该认真体会的法则。当企业面对困境时，应该勇于变革，推行新的思想和策略，只有这样企业才会找到新的出路，走出困境而通达。

星期五

阴二君而一民，小人之道

阳卦多阴，阴卦多阳，其故何也？阳卦奇，阴卦耦。其德行何也？阳一君而二民，君子之道也。阴二君而一民，小人之道也。

——《系辞下》

【译文】

阳卦中阴爻居多,阴卦中阳爻居多,这是什么原因? 因为阳卦以一阳为主(所以阳少阴多),阴卦以二阳为主(所以阴少阳多)。他们的德行表现在哪里? 阳卦一个君主两个百姓(即为众民拥护),实行的乃是君子之道。阴卦两个君主一个百姓(即居长相互夺权倾轧,属下二从于主),实行的乃是小人之道。

笔　记

阳卦中多阴爻,阴卦中多阳爻,这是《周易》各卦的一个特点,这里将之提出来分析,是为了强调后面的"君子之道"和"小人之道"。

"君子之道"是"一君二民",君为阳爻而民为阴爻,所以阴爻多于阳爻;"小人之道"是"二君一民",所以阳爻多于阴爻。"小人之道"无疑是不合理的,一个百姓要面对两个君主,到底要听从谁的命令和指挥呢? 这便是企业里经常出现的"多头管理"。

行动指南

在企业管理过程之中,一定要防止出现"多头管理"。一旦出现"多头管理",就会使员工不知所措,并会导致企业内部的沟通成本迅速增加,而效率却大打折扣。

星期一

精义入神,以致用也

子曰:"天下何思何虑? 天下同归而殊途,一致而百虑。天下何思何虑? 日往则月来,月往则日来,日月相推而明生焉。寒往则暑来,暑往则寒来,寒暑相推而岁成焉。往者屈也,来者信也,屈信相感而利生焉,尺蠖之屈,以求信也;龙蛇之蛰,以存身也。精义入神,以致用也;利用安身,以崇德也。"

——《系辞下》

【译文】

孔子说:"天下万物思考什么忧虑什么? 天下万物有共同的归属却有不同的途径,有着一致的方向却有千百种思虑。天下万物思考什么忧虑什么? 日往之后月来,月往之后日来,日月相互推移而产生光明。寒往之后暑来,暑往之后寒来,寒暑相互推移而形成岁月。前往者曲缩,前来者伸展,曲缩与伸展相互感应而生成利益,尺蠖的曲缩,是为了伸展;龙蛇的蛰伏,是为了保全自身。探究精微义理到了神妙的地步,是为了能够应用到现实之中;借用各种方式安顿自己,是为了提升品德。"

笔 记

这是《系辞》的作者引用孔子的一段话。首先从"殊途同归"、"一致百虑"展开阐述,接着说"日往月来"与"寒往暑来",揭示了天地之间的万物生存之道。与此同时,还说明了"曲即是伸"、"伸即是曲"的道理,用尺蠖、龙蛇的曲伸与蛰伏说明了当进则进、当退则退的人生大义。最终强调理解这一切的目的都在于"致用",若不能致用,则一切研究都是无意义、无价值的。

学习《周易》之道,深入理解之后要运用到企业管理的实践之中,如果学了却不能够致用,倒不如不学。

星期二
语成器而动

子曰:"隼者,禽也,弓矢者,器也,射之者,人也。君子藏器于身,待时而动,何不利之有? 动而不括,是以出而有获,语成器而动者也。"

——《系辞下》

【译文】

孔子说:"隼,是一种禽鸟;弓箭,是武器;射箭的,是人。君子随身携带武器,等待时机而采取行动,哪会有什么不利呢? 行动时不僵硬,所以能够出手就有收获,这是强调准备好武器后再行动。"

笔　记

"语成器而动"总是令我想到《论语》中的一句话:"工欲善其事,必先利其器。"这两句话有异曲同工之妙:强调必须熟练之后再行动,唯有如此,才可以"出而有获",才可以"善其事";强调必须选择适合的工具,否则就无法做到"善其事"。分析之后,我们会发现这两者是一个递进关系:先准备好工具,然后不断练习,直到熟练之后再采取行动,如此一来,就可以"出而有获"。

行动指南

找到适合的方法和工具,然后不断实践和运用,充分掌握之后,再在企业内部进行全面推广,促进企业的顺利发展。

星期三
善不积不足以成名

善不积不足以成名，恶不积不足以灭身。小人以小善为无益而弗为也，以小恶为无伤而弗去也，故恶积而不可掩，罪大而不可解。

——《系辞下》

【译文】
　　善行不累积就不能够成就名声，恶行不累积就不足以导致灭身的危害。小人以为小的善行没有好处而不做，以为小的恶行没有危害而不排斥，所以最终恶行累积而无法掩藏，罪过大到无法化解的地步。

笔　记

　　任何事情都有一个不断积累的过程，善名是不断行善之后形成的，罪恶也是不断犯罪之后导致的。既不存在一蹴而就的善名，也不存在一蹴而就的罪恶。
　　企业的发展同样是通过积累而取得的，没有每一天、每一个月的进步，就不会有企业的发展和成功。

行动指南

　　企业经营必须遵循商业道德，"勿以善小而不为，勿以恶小而为之"，不要因为一时的侥幸而沾沾自喜。如果不思悔改，长此以往，最终必然会走到无法挽救的地步。

星期四
身安而国可保

子曰："危者，安其位者也；亡者，保其存者也；乱者，有其治者也。是故，君子安而不忘危,存而不忘亡,治而不忘乱,是以身安而国家可保也。"

——《系辞下》

【译文】

孔子说:"危险的,是那些安居其位的人;失去的,是那些自以为长保生存的人;混乱的,是那些自以为治理出色的组织。所以,君子在安居时不忘记危险,拥有时不忘记失去,治理太平时不忘记混乱,所以自身平安而国家可以稳定。"

笔 记

没有安全感的人就不会考虑危险,也无所谓危险;没有财富、名誉、地位的人就不会考虑失去,因为他没有什么可以失去;治理混乱的企业就不会害怕混乱,因为就处于混乱之中,要做的是如何扭转已经混乱的局面。这些道理或许很多人都能够理解,但是,又有多少人能从中得到警示呢?

孔子根据《周易》之道提醒我们:只有居安思危、得时不忘失、治时不忘乱,才可以持续安居、持续拥有并治理顺利。

行动指南

企业在发展时应该时刻防止衰退的到来,在治理稳定时要谨防内部混乱,在赢得市场时要密切注意市场动向,以免前功尽弃。

星期五
不胜其任

子曰:"德薄而位尊,知少而谋大,力少而任重,鲜不及矣。《易》曰:'鼎折足,覆公餗,其刑渥,凶,'言不胜其任也。"

——《系辞下》

【译文】

孔子说:"德行浅薄而位居高位,智能不足而谋划大事,力量薄小却担任重任,很少有不牵累自身的。《周易》说:'鼎折足,覆公悚,其刑渥,凶,'说的是不能够胜任自身所承担的职责的情况。"

笔 记

能力不足者在每家企业中都可以见到。很多人没有能力、品德低下却占据着企业的高管位置;一些人没有什么策划能力却希望成就大事;一些人明明能力不足,企业却委以重任,最终导致问题百出,严重影响企业的发展。

每一位管理者都知道让一个人去承担他不能够胜任的工作,最终必然会导致失败,可是,还是有很多管理者依然在这么做。

行动指南

管理者需将自己的管理能力与任用人才的能力结合起来,使员工在合适的位置上展现自身的能力和价值。

第三周

上交不谄,下交不渎

子曰:"知几其神乎? 君子上交不谄,下交不渎,其知几乎? 几者,动之微,吉之先见者也。君子见几而作,不俟终日。……君子知微知彰,知柔知刚,万夫之望。"

——《系辞下》

【译文】

孔子说:"能够知晓几微的事理,应该称得上是神奇了吧? 君子与上位者交往不谄媚,与下位者交往不轻慢,可以算是知晓几微事理了吧? 几微的事理,是变动的微小征兆,吉祥的结局先有隐晦的显现。君子发现几微事理迅速采取行动,不用等待一整天再行动。……君子察知几微也察知彰明,懂得柔顺也懂得刚健,是万民仰望的人物。"

笔 记

何谓"知几"? 孔子的答案是"上交不谄,下交不渎",明白了这一道理,就算是把握了"几微事理"。但是要做到"上交不谄,下交不渎"并不容易,现实中,很多人在上司和领导面前总会表现出谄媚之态,而管理者在与下属沟通交流时也总是会流露出漫不经心的神态。针对这些状况,孔子的建议是立即行动起来,"见几而作,不俟终日",不要犹豫不决、徘徊等待,而是迅速投入行动。最终,做到"知微知彰,知柔知刚",一旦如此,便可以做到"先天而天不违,后天而奉天时",自然是"万夫所望"了。

行动指南

作为一名经理人,与上司交流沟通时应该保持客观中肯的态度,不要一味地阿谀奉承;同时应该时时尊重下属,让每一位下属都获得宽松自在的工作环境。

星期二

莫之与，则伤之者至

子曰："君子安其身而后动，易其心而后语，定其交而后求。君子修此三者，故全也。危而动，则民不与也；惧而语，则民不应也；无交而求，则民不与也；莫之与，则伤之者至矣。"

——《系辞下》

【译文】

孔子说："君子先安定自身然后采取行动，先静心之后发表言论，确定了交往之后求益于人。君子注重这三个方面的修养，所以能够做到全面。有了危险之后才急于行动，百姓就不会参与；内心惧恐不定而发表言论，百姓就不会响应；没有交往就去求益于人，百姓就不会给予；没有人给他利益，伤害他的人就会来到。"

笔 记

"身安而后行动，静心而后言论，交往而后求益"，这是君子修为的三个方面。联系到现实之中，我们会发现也只有做到了这三点，行动、言论和求益才会有人相应。谁也不可能去跟随一个急于解脱自身困境的人，也不会相信一个面容恐惧的人说的话，更不会给予一个从未相识的人帮助。

"没有人帮助你时，伤害你的人就会来到。"当一个人脱离了人群，失去了他人的帮助和支持，自然会受到一些居心叵测之人的攻击和伤害。所以，君子应该努力争取获得他人的支持和帮助，也就必须在"安身而后动"、"静心而后言"、"交往而后求益"三个方面进行修炼。

行动指南

管理者必须拥有闻惊雷而不动的镇定和气度，这样才可以在困境面前保持静心和身安；同时，管理者在平时应该与下属们加强沟通和交流，如此才可以在关键时刻号召员工同舟共济，共渡难关。

星期三

彰往而察来

夫《易》,彰往而察来,而微显阐幽。开而当名辩物,正言断辞则备矣。其称名也小,其取类也大。其旨远,其辞文,其言曲而中,其事肆而隐。因贰以济民行,以明失得之报。

——《系辞下》

【译文】

　　《周易》,彰显过去并察知未来,进而探究、细微阐述幽深的道理。以适当的名称分辨事物,用正确、果断的言辞做到完备。《周易》所称述的名称虽多细小,但所比拟的事类却十分广大。它的旨意深远,它的言辞充满文采,它的言辞委婉而中肯,它引用的事例通俗易懂而隐晦深奥。运用阴阳两方面的道理指导百姓的行为,可以让人们明白吉凶得失。

笔　记

　　《周易》是一部根据历史发展而总结出来的哲学书籍,作《易》者的目的在于告诫世人,应该学会从人类过去的实践之中学习经验和获取教训,也就是"彰往而察来"。

　　同样,在企业管理之中,"彰往而察来"也非常重要。我曾经帮助一些企业举办过"案例"分享会,目的在于分析过去并从中找到适合眼下的策略和方法,这正是"彰往而察来"的一种。当我们分析完一些过去的案例时,通常会找到自身下一步应该采取的策略和措施。

行动指南

　　不断在企业内部举行案例分享会,使每一个人都意识到从过去的事件之中,我们可以学习到很多新的思想和经验。

星期四
作《易》者，有忧患

《易》之兴也，其于中古乎？作《易》者，其有忧患乎？

——《系辞下》

【译文】

　　《周易》的兴盛，应该在中古时代吧？创作《周易》的人，是怀着忧患意识的吧？

笔　记

　　《周易》是一部提醒世人保持谨慎的书，它总是在告诫人们在兴盛、发达之时，千万不可忘记衰退、消弱即将来到，只有时刻保持警戒和警惕，才可能免除危害，所以说"作《易》者，有忧患"。事实上每一个人都应该有忧患意识，只有意识到自身处于一个不断变化、不易把握的世界之中，人们才会时刻保持小心谨慎，才会获得平安稳定的一生。

行动指南

　　也许，每一位企业家都应该牢记比尔·盖茨的这句名言："微软离死亡永远只有三个月。"

星期五
唯变所适

　　为道也屡迁，变动不居，周流六虚，上下无常，刚柔相易，不可为典要，唯变所适。其出入以度，外内使知惧，又明于忧患与故。无有师保，如临父母。

——《系辞下》

【译文】

　　《周易》所体现的法则常在变迁,变化运动而不静止,在六爻上循环流动,上下来往没有固定的规则,刚健与阴柔相互转换,不可以当成固定模式,总是随着变化而发展并适应。它的出入依照一定的法度,在外在内都使人知道戒惧,还会让人明白未来忧患及往昔的情态。没有师保①的监护,却可以像面临父母的指导一样。

笔 记

　　《周易》没有告诉我们一种固定的规则,它所揭示的是不断变化的道理,这也是"易"的核心概念。世间万事万物都是时刻变化的,但是这些变化又有着一定的规律性,例如"泰极否来",所以说"出入以度"。

　　学习《周易》最终的目的是为了理解变化,并顺应变化,做到"唯变所适",就像水一般,随着外界的形体而改变自身的形态,一旦如此,便可以说做到"自然而然"的境界了。

行动指南

　　世间唯一不变的是变。企业经营者必须努力适应变化,而《周易》还告诉我们如何从一些细节之中把握事物发展的趋势,从而防微杜渐、未雨绸缪,及时适应各种变化。

---

　　① 古时任辅弼帝王和教导王室子弟的官,有师有保,统称"师保"。

第三周

存亡吉凶，居可知

六爻相杂，唯其时物也。其初难知，其上易知，本末也。初辞拟之，卒成之终。若夫杂物撰德，辨是与非，则非其中爻不备。噫！亦要存亡吉凶，则居可知矣。知者观其象辞，则思过半矣。

——《系辞下》

【译文】

六爻相互错杂，全都是根据应时的事物。初爻很难理解，上爻很容易理解，初爻是本，上爻是末。初爻的爻辞拟议后续的变化，上爻则是变化之后的最终结果。至于错杂各种物象以撰述卦的功能，辨别是非，那就必须依靠中间的四爻了。是啊！要了解存亡吉凶，根据每爻所处的位置就知道了。智慧的人观察卦爻之辞，就可以领悟大半了。

笔 记

这段文字讲述了六爻的作用。六爻表现了六种状态，初爻表述的是事物的最初，是起源，是"本"，上爻则是事物发展的最终，是结果，是"末"。当然，要了解事物的发展，仅仅了解起源和终点是远远不够的，所以还必须了解中间的四爻。

一卦中的六个爻展示了六种状态下的结局，以及应该采取什么样的措施和策略，所以说"要了解存亡吉凶，根据每爻所处的位置就知道了"。

行动指南

《周易》中的每一爻都在揭示我们一种人生状态，智慧的人应该从中学到应对的措施和策略，学习了《周易》，就等于找到了人生成长的指南针。

星期二

柔危刚胜

二与四同功而异位,其善不同。二多誉,四多惧,近也。柔之为道,不利远者。其要无咎,其用柔中也。三与五同功而异位,三多凶,五多功,贵贱之等也。其柔危,其刚胜邪。

——《系辞下》

【译文】

　　第二爻与第四爻功能相同但位置不同,两者象征的利害得失也就不同了。第二爻美誉较多,第四爻要戒惧很多,因为靠近君位(五爻)。阴柔的法则,不适宜离阳刚太远。它的要旨在于慎求无咎,它的功用在于柔顺守中。第三爻与第五爻功能相同而位置不同,第三爻多凶险,第五爻多功绩,这是因为上下贵贱的等级不同。(在这两个位置上)阴柔者有危险,刚健者可以胜任。

笔　记

　　这里讨论的是二、三、四、五这几个中间位置的爻。二、四都是阴爻,但是两者因为位置不同而结果不同,二多誉而四多惧,这是因为四爻距离五爻过近,容易使五爻产生猜疑,所以应该时刻保持谨慎。而二爻位于下卦中位,可谓位置适宜,而且可以上承五爻,所以多誉。

　　三、五都是阳爻,但因为三处下卦之终,所以多凶,而五爻位于君主之位,又有二爻在下呼应,所以多功。值得注意的是《系辞》的作者强调了一点:三、五两爻,"柔者危,刚者胜"。为什么?因为这两个位置都需要当位者拥有出色的领导能力,阴柔者无法胜任。

行动指南

　　一定要任用真正能够胜任的人担任要职,将不适合的人放在某些岗位上,无论是对于企业还是对于个人来说,都会是一种伤害。

惧以终始,其要无咎

《易》之兴也,其当殷之末世,周之盛德邪? 当文王与纣之事邪? 是故其辞危。危者使平,易者使倾。其道甚大,百物不废。惧以终始,其要无咎,此之谓《易》之道也。

——《系辞下》

【译文】

《周易》的兴盛,应该在殷朝末年,周文王的德行正盛行的时候吧? 大概讲述的是文王与商纣王之间的事吧? 所以,《周易》的卦爻之辞充满了危机感。心怀危机的人可以获得平安,掉以轻心的人必将导致倾覆。它包含的道理非常广大,各种事物都赖此不遭废弃。自始至终保持警惕戒惧,要旨在于慎求无咎,这就是《周易》的道理。

笔 记

《周易》之道终于被直截了当地提了出来:"惧以终始,其要无咎。"《周易》告诫世人要时刻保持警戒、警惕。它通过六十四卦、三百八十四爻阐述了人生的每一种状态,同时对每一种状态都提出了应对的措施和策略。这些措施和策略可以归结为一个字:"慎"或是"贞"。两者的意思是一样的,都是"守持正固以防危害和悔吝"。

每个人只要生存在世间,就必须时刻牢记"慎"字,唯有时刻小心翼翼,才可以获得一帆风顺的人生;也唯有保持警戒,才可以做到逢凶化吉。

行动指南

经营企业,如履薄冰,时刻保持警惕,谨防危机的产生和出现,是每一位经营者应该秉持的谨慎态度。

星期四

占事知来

变化云为,吉事有祥。象事知器,占事知来。天地设位,圣人成能。人谋鬼谋,百姓与能。

——《系辞下》

【译文】

变化纷纭的状况之中,吉祥的事情就会有先兆。观察所模拟的物象就可以知道如何制作器具,占问眼前的事理就可以推知未来的结局。天与地确定了刚柔尊卑的位置,圣人广施《周易》的功用。人的谋虑沟通了鬼神的谋虑,连百姓也能掌握《周易》的道理。

笔 记

《周易》的价值在于让人知晓在人生的每一个阶段如何进行决断和选择,同时还可以使人们在一件事的开始之时便能预知结局,当然最关键处在于自身必须严格遵照《周易》的指示去行动,这便是所谓的"占事知来"。

高明的管理者应该熟读《周易》,将其中的每一卦每一爻都与自身的部门或团队结合起来,由此可以确定自身应该做什么,以及应该如何做。一旦做到切合《周易》之道,就必定会实现团队或企业的成长和发展。

行动指南

只要我们认真地分析眼前的事情,就可以预知未来的发展,前提是我们还必须为此付出相应的努力。

星期五
近而不相得则凶

变动以利言,吉凶以情迁。是故爱恶相攻而吉凶生,远近相取而悔吝生,情伪相感而利害生。凡《易》之情,近而不相得则凶,或害之,悔且吝。将叛者其辞惭,中心疑者其辞枝。吉人之辞寡,躁人之辞多。诬善之人其辞游,失其守者其辞屈。

——《系辞下》

【译文】

　　各爻的变动恰当与否以"利"或"不利"来表达,结局的吉凶以所拟事物的情态而改变。所以,爱好与厌恶相互冲突就产生了吉凶,远与近相互取舍就产生了悔吝,情感的真实与虚伪相互感应就产生了利害。举凡《周易》所拟喻的情态是:两爻相近而不能够相互配合就会产生凶险,或者有伤害,造成悔恨和困难。将要背叛的人说话羞愧,心中疑惑的人言语支离破碎。贤善的人言辞少而精,浮躁的人言辞繁杂。诬陷善良的人说话游移不定,失去操守的人说话卑屈。

笔　记

　　这里从六爻的变化推导出各类人的说话状态,很有现实意义。《系辞》的作者谈论六爻时提到了"近而不相得则凶",为什么会如此? 道理很简单:原本靠在一起的人应该互相帮助,如果没有互相帮助和支持,那必定是双方产生了误会,或是冲突,如此一来,两者之间必生凶祸。就像在一家企业内,如果上司和下属之间不能够互动和配合,那一定会导致双方产生冲突并影响企业的经营效率。

　　接着,这段文字提出了"将叛者"、"中心疑者"、"吉人"、"躁人"、"诬善之人"、"失其守者"等人的语言特征,非常生动,今天可以此为准则进行人员评价。

行动指南

　　管理者必须与自己的下属产生互动和配合,一旦两者之间无法产生合力,必将影响企业的生产效率。

图书在版编目(CIP)数据

《周易》管理日志/邵雨编著. —杭州：浙江大学出版社，2010.6

ISBN 978-7-308-07600-5

Ⅰ.①周… Ⅱ.①邵… Ⅲ.①周易—应用—企业管理—研究 Ⅳ.①F270

中国版本图书馆 CIP 数据核字（2010）第 095108 号

《周易》管理日志

邵 雨 编著

策 划 者	蓝狮子财经出版中心	
责任编辑	王长刚	
装帧设计	刘 军	
出版发行	浙江大学出版社	
	（杭州市天目山路 148 号 邮政编码 310007）	
	（网址：http://www.zjupress.com）	
排 版	杭州大漠照排印刷有限公司	
印 刷	杭州杭新印务有限公司	
开 本	710mm×1000mm 1/16	
印 张	20.00	
字 数	347 千	
版印次	2010 年 6 月第 1 版 2010 年 6 月第 1 次印刷	
书 号	ISBN 978-7-308-07600-5	
定 价	42.00 元	